이제 나도 발명가

롭 비티 지음
최제니·서애경 옮김

다림

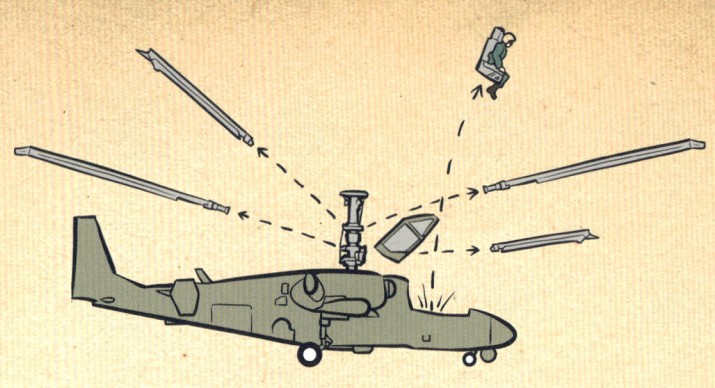

Invent it!
Copyright ©2017 Marshall Editions
First published in the UK in hardback in 2017 by QED Publishing
Part of The Quarto Group
The Old Brewery
6 Blundell Street
London N7 9BH
All rights reserved.
Korean translation copyright ©2017 by Darim Publishing
Korean translation right arranged with Quarto Publishing Plc
through EYA(Eric Yang Agency).

이 책의 한국어판 저작권은 EYA(Eric Yang Agency)를 통한
Quarto Publishing Plc사와의 독점계약으로 도서출판 다림이 소유합니다.
저작권법에 의하여 한국 내에서 보호를 받는 저작물이므로 무단전재 및 복제를 금합니다.

목차

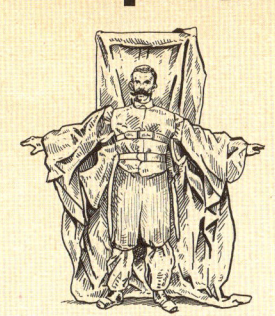

발명, 레츠 고! 4
발명 과정 6
생각하라! 8
   다른 방식으로 생각하기 10
연구하라! 12
   발명가 일지 14
특별한 발명품들 16
설계하라! 18
   재빨리 그리기 20
   축척도란? 22
제작하라! 24
   간단한 시제품 만들기 26
   정교한 시제품 만들기 28
중요한 발명품들 30
테스트하라! 32
   실질적인 규칙 34

   사용성 평가 36
개선하라! 38
   사용 설명서 만들기 40
끔찍한 발명품들 42
특허를 받아라! 44
   비용이 얼마나 들까? 46
생산하라! 48
   안전을 먼저 생각하기 50
   3D 프린팅 52
기발한 발명품들 54
포장하라! 56
   실용적인 포장 방법 58
   광고와 홍보 60
마무리! 62

발명, 레츠 고!

멋진 발명의 세계에 오신 걸 환영합니다!
일단 연필을 귀 뒤에 꽂고 편안한 자세로 앉으세요. 이것저것 할 일이 많답니다.
자, 이제 긴장을 풀고 주위를 새롭게 살펴볼까요?

예상되는 일

책만 보고 발명이 너무 어렵다고 생각되나요?
게다가 직접 발명품을 만들어야 하니 더 막막한가요?
그렇다면 책을 잘못 골라잡았다는 뜻이니
책꽂이에 도로 쓱 꽂아 두고 이 책을 고르세요.

* 고양이용 롤러스케이트
* wifi가 되는 치즈 강판
* 무선 통신이 가능한 신발
* 열 추적 슬리퍼
* 무음 깡통 따개
* 스프링 달린 축구화

발명 전용 타자기 9000

발명 경로 지도

여러분은 이제 여러 가지 아이디어를 실현할 수 있는 과정에 첫발을 내디딘 셈이지요. 이 책은 발명이라는 미로 속을 헤치고 나갈 길잡이와 같아요. 하지만 어느 길로 갈지는 스스로 결정해야 해요. 목적지에 닿으려면 한두 번은 막다른 길에 부딪쳐야 할지도 몰라요.

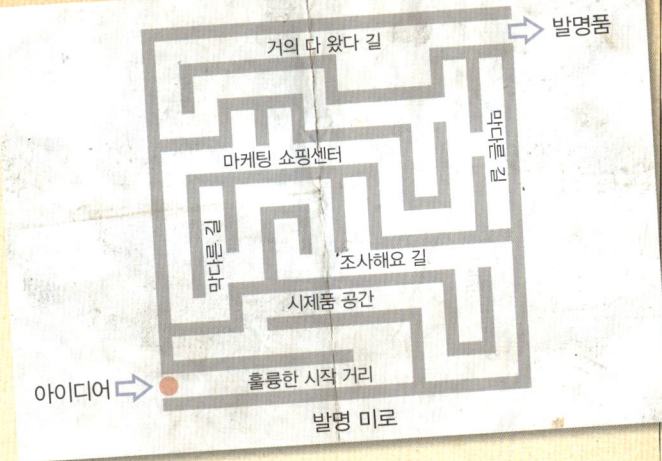

이 책에는 발명품에 대한 아이디어는 없어요. 실제로 발명품을 만들려면 스스로 떠올린 아이디어가 가장 좋거든요. 여기서는 그저 머리를 쓰는 데에 도움이 되는 여러 가지 수단과 쉽게 따라 할 수 있는 행동 수칙을 알려 줄 뿐이에요.

이제 시작해 볼까요? 발명품이 저절로 만들어지지는 않아요!

영감을 주는 발명가들

'우리의 가장 큰 약점은 쉽게 포기한다는 거죠. 성공에 이르는 확실한 방법은 언제나 한 번 더 시도하는 것입니다.'
토머스 에디슨(Thomas Edison)

'인간이 만든 발명품은 점점 더 단순한 쪽으로 가고 있어요. 단순함은 곧 완벽함이지요.'
알렉상드르 뒤마(Alexandre Dumas)

'논리가 A 지점에서 Z 지점까지 이끌어 준다면, 상상력은 여러분을 세상 어디든 데려다줄 수 있어요.'
알베르트 아인슈타인(Albert Einstein)

'필요는 발명의 어머니'
오래된 명언

발명 과정

발명이란 어떻게 이루어지는지 그 과정을 하나하나 살펴보기로 해요. 전체 과정을 알아보기 쉽게 간단히 정리했어요. 차근차근 한 단계 한 단계 따라가다 보면 멋진 아이디어 하나가 훌륭한 발명품으로 탄생하게 되지요.

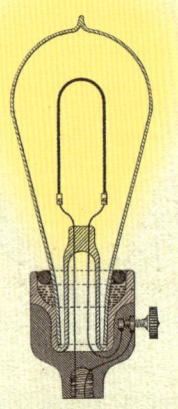

생각하라!
여러분의 발명품은 아직 깜빡거리는 눈 속, 불꽃이 튀듯 생각이 마구 떠오르는 머릿속, 그리고 근질근질한 손끝에 머물러 있는 단계에 불과해요.

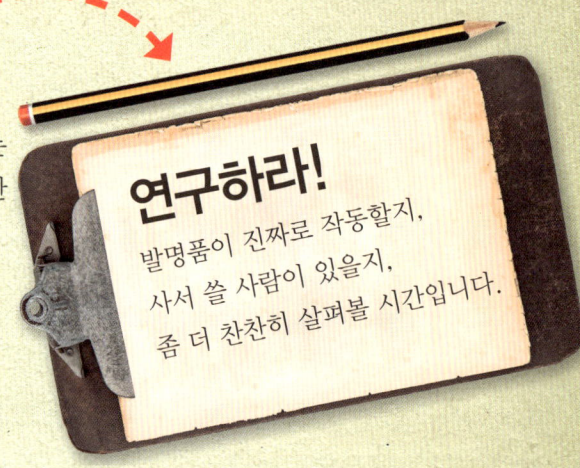

연구하라!
발명품이 진짜로 작동할지, 사서 쓸 사람이 있을지, 좀 더 찬찬히 살펴볼 시간입니다.

설계하라!
사람들은 처음 보는 기발하고 효과적인 아이디어를 좋아하죠. 사람들이 꼭 가지고 싶어 할 만큼 마음을 사로잡는 유용한 물건을 어떻게 하면 만들 수 있을까요?

테스트하라!
많은 발명품들이 상품으로 선보이지 못하고 사라져요. 실제 제품으로 만들어지는 과정에서 실패하기 때문이죠. 이제 여러분의 발명품이 합격인지 불합격인지를 판단해야 할 시간이 왔어요.

제작하라!
발명품을 만들 때 가장 까다로운 과정이에요. 굉장한 아이디어니 사람들이 좋아서 그 제품을 사겠죠? 하지만 실제로 시제품을 만들 수 있나요?

포장하라!

퍼즐을 완성할 마지막 조각이죠. 약간의 장식도 해 주고 거기에 마법의 가루를 뿌리면 발명품이 "저를 사 가세요!"라고 말하겠지요.

생산하라!

발명품을 생산할 때가 왔네요. 제품을 직접 만들 수도 있겠지요. 수천 개의 제품을 만드는 대량생산으로 이어져 꼭 성공하기를 빌어요!

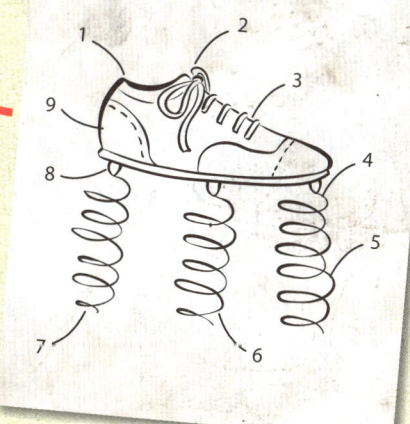

특허를 받아라!

이제 발명품을 세상에 선보일 준비가 끝났다면, 반드시 법으로 보호받을 수 있는 수단을 마련해야 하지요. 여러분의 발명품이 마음에 들어 아이디어를 도둑질하고 싶은 사람들이 생길지도 모르니까요.

개선하라!

대단한 발명품이라도 테스트를 해 보면 바꾸거나 개선해야 할 점이 꼭 있어요. 그러니까 테스트 결과를 바탕으로 발명품을 조금씩 수정해야 한답니다.

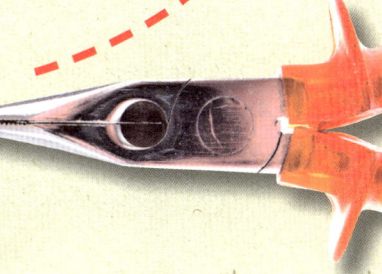

생각하라!

만화 속 등장인물은 기발한 아이디어가 필요할 때 두 눈을 질끈 감고 머리를 꽉 움켜쥐고 가만히 기다려요. 그러면 머리 위로 전구가 반짝 하고 켜져요. 그런데 실제로 멋진 아이디어를 떠올리는 일은 그렇게 간단하지 않지요. 생각을 하지 않고 훌륭한 발명가가 되는 건 어림도 없답니다.

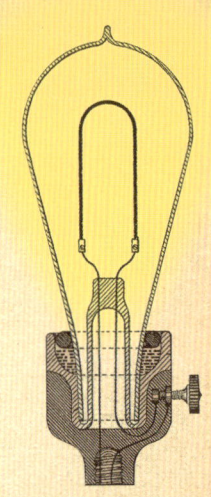

창의력 자극법

다음은 멋진 아이디어를 떠올릴 수 있는 몇 가지 방법들이에요.

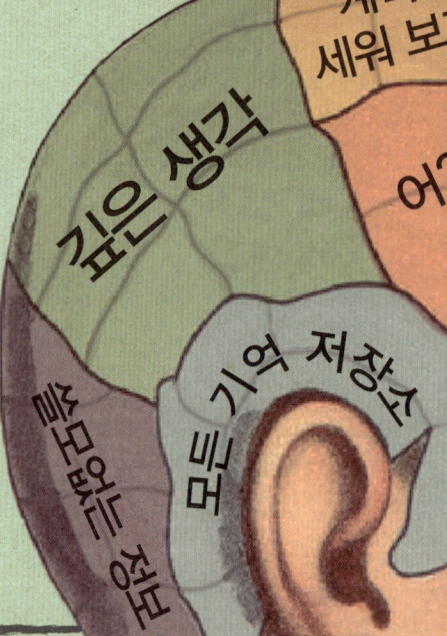

이렇게 해 봐요

종이 한 장을 준비한 뒤 세로줄을 몇 개 그어 칸을 나누어요. 각 칸의 맨 위에 아주 좋아하는 일을 적어요. 낚시나 축구도 좋고, 친구들과 노는 것도 좋아요. 그런 다음 각 활동을 훨씬 더 재미있게 해 줄 만한 발명품을 생각해 보세요.

아니면 이 방법은 어때요?

이번엔 반대로 싫어하는 일을 쭉 적어요. 그런 다음 하기 싫어 죽을 것 같은 일을 당장 멈출 수 있는 방법을 떠올려 보세요.

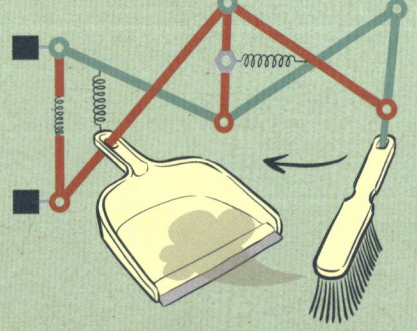

비법

근사한 아이디어를 끌어낼 비법이 있다면, 그건 바로 '생각으로만 그치지 않고 실행하는 것'이지요. 훌륭한 아이디어는 1퍼센트의 영감과 99퍼센트의 노력으로 이루어지거든요. 다시 말해 끝내주는 발명품을 만들어 내려면 끊임없이 새로운 아이디어를 생각해 내야 한다는 의미지요.

발명가의 도구

최고의 발명가들은 멋진 아이디어를 절대로 잊어버리지 않을, 확실한 수단이 늘 있었어요. 그러니까 여러분도 항상 공책과 연필을 지니고 다녀야 해요. 스마트폰도 좋아요. 그때그때 떠오른 아이디어를 기록하고 영감을 받은 사물의 사진도 찍을 수 있으니까요.

이건 어떨까요?

생각을 아예 하지 않아도 되는 일을 반복해 보세요. 이를테면 카드를 섞는 일 같은 거 말이에요. 이런 반복 행동을 하면 자유롭게 상상의 나래를 펼칠 수 있답니다.

여전히 아이디어가 떠오르지 않는다면

사전을 휙휙 넘기다 아무 쪽이나 펴고 맨 먼저 눈에 들어온 단어를 적어요. 똑같은 행동을 열 번 반복해요. 이런 식으로 적은 단어를 이리저리 조합하다 보면 정말로 독특한 아이디어가 반짝 떠오르기도 해요.

마지막으로

몸을 움직이세요. 운동은 두뇌에 좋은 음식과 같아서 뇌세포 간의 연결을 돕고 학습 능력을 향상시켜 줘요. 게다가 마음도 편안하고 행복해지지요. 훌륭한 아이디어가 떠오를 완벽한 조건을 만들어 주는 셈이에요.

생각하라!
다른 방식으로 생각하기

앞서 소개한 방법을 써 봐도 멋진 아이디어가 떠오르지 않는다고요?
그렇다면 좀 엉뚱한 방법을 시도해 볼까요?

1. 아이쇼핑을 해요

가게 진열장 안에 있는 물건을 잘 들여다보세요. 어떤 물건이든 상관없어요. 이어 옆 가게 진열장의 물건도 살펴보아요. 이제 그 두 가지 제품을 한꺼번에 사용할 수 있는 방법을 생각해 봐요. 헤드폰이 달린 후드 티셔츠나 아이스크림 향 물감은 어떤가요?

비상 탈출용 사다리가 달린 의자는 어때요?

생각해 낸 아이디어가 모두 성공으로 이어지는 건 아니에요.

흥! 코를 풀어요!

2. 형편없는 생각을 해요

진짜 말도 안 되는 아이디어를 떠올려요. 최대한 엉망진창인 걸로요. 그런 다음 정반대 아이디어를 생각해 내는 거지요.

머리에 쓰는 휴지걸이보다 훨씬 더 형편없는 아이디어는 없겠죠?

내 아이디어가 쓸 만한가요?

이 단계에서 가장 좋은 방법은 발명품을 사용할 만한 사람들, 즉 표적 고객을 대상으로 테스트하는 일이지요. 표적 고객들은 솔직하게 의견을 말할 거예요. 부모님은 여러분의 아이디어가 형편없더라도 격려해 주실 테고, 친구들은 아마 망치려 들지도 모르지만요. 세련된 스케이트보드용 액세서리를 발명했다면 할아버지에게 테스트하면 안 돼요. 또 환상적인 뜨개질 도안을 만들어 내는 제품을 어린 동생에게 테스트하는 것도 금물! 발명품에 전혀 관심이 없는 경우 부정적인 반응이 나올 게 빤하거든요.

3. 사람들을 관찰해요

밖으로 나가 걸으면서 사람들이 불편을 느끼는 게 뭔지 잘 살펴보세요. 주차할 때나 커피를 주문하려고 줄 서는 일, 뭘 먹으러 갈지 결정을 못 한다거나 자기가 있는 장소가 너무 시끄럽다든지 등, 저마다 뭣 때문에 고민하는지를 관찰하는 거죠. 그리고 그 문제를 해결할 방법을 생각해 보세요.

페달로 움직이는 전동 자전거를 타면 교통 체증을 피할 수 있어요.

4. 만일 나라면?

만일 나라면 어떻게 할까 생각해 봐요. 여러분이 유명한 축구 선수나 음악가, 또는 코미디언이라고 가정하고 그 사람들이 가진 문제를 해결할 방법을 스스로에게 물어보세요.

어이쿠!

5. 집중해요

좋은 아이디어가 떠오를 때까지 인터넷은 물론 텔레비전 시청도 금지! 멋진 발명이라는 충분한 보상이 따를 거예요.

성공한 발명품

벨크로(찍찍이) 테이프

많은 가정에서 벨크로(VELCRO) 테이프를 사용해요. 심지어 우주 공간에서도 사용하죠! 벨크로라는 이름은 프랑스어인 벨루어(VELour)와 크로셰(CROchet)를 합쳐서 만든 단어랍니다.

연구하라!

아이디어만으로 단번에 눈길을 사로잡을 발명품을 만들어 낼 수는 없죠.
이제 좀 더 깊이 연구해야 합니다. 반짝이는 아이디어를 더 찬란하게
만들어야 하니까요!

솔직하게 대답해요

여러분이 떠올린 아이디어를
객관적으로 판단하는 데에
도움이 될 간단한
체크리스트입니다.
감정에 치우치지 말고
이성적으로 모든 질문에
솔직하게 답하세요.

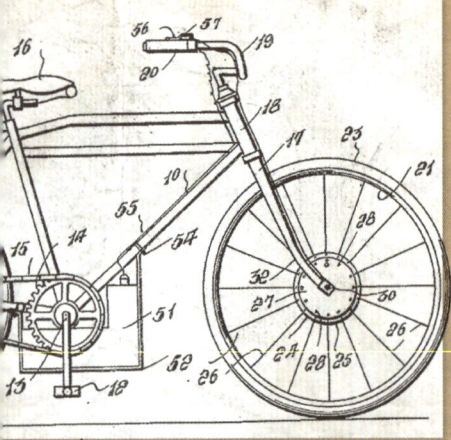

- ☐ 1. 진짜 새로운 아이디어인가요?
- ☐ 2. 발명품을 만드는 데에 상당한 돈을 들일 수 있나요?
- ☐ 3. 실용적인 아이디어인가요?
- ☐ 4. 만들기 쉬운가요?
- ☐ 5. 설명하기 쉬운가요?
- ☐ 6. 안전한 아이디어인가요?
- ☐ 7. 실제 상품으로 만들 수 있는 아이디어인가요?
- ☐ 8. 사람들이 발명품을 유용하다고 생각할까요?
- ☐ 9. 사람들이 발명품을 구입할까요?
- ☐ 10. '와!' 하고 놀랄 만한 발명품인가요?

열 가지 질문에 모두 '네'라고 대답할 수 있다고요?
그렇다면 곧바로 18쪽으로 넘어가 놀라운 발명품을
설계하세요. 다음 페이지들을 더 읽고 말 것도 없거든요.
만약 '네'라고 대답한 항목이 여섯 개 이하라면 계속해서
책을 읽어 나가는 게 도움이 되겠지요.

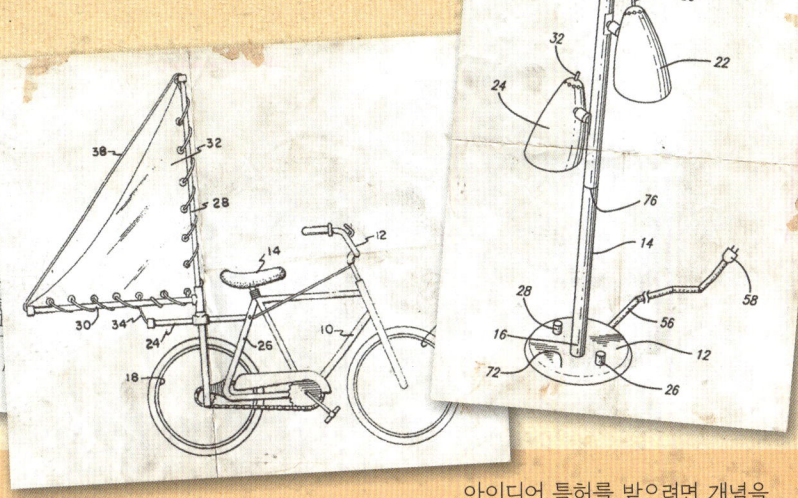

아이디어 특허를 받으려면 개념을 잘 파악할 수 있도록 세밀한 그림이 필요해요.

내 아이디어라고!

먼저, 여러분의 반짝이는 아이디어가 벌써 '도둑맞은' 건 아닌지 확인해야 해요. 정말 최초의 아이디어인지 말이에요. 특허청 홈페이지에 접속하면 언제든지 확인할 수 있어요. 다른 사람이 여러분과 똑같은 아이디어를 이미 등록해 놓았는지 알아야 해요. 만약 그렇다면 다시 새로운 아이디어를 내놓아야 하니까요. (특허란 무엇인지, 그리고 왜 중요한지는 44~47쪽에서 좀 더 알아볼 수 있어요.)

실패한 발명품

비닐봉지

비닐봉지는 싸고 기발하고 유용해서 생활 속에 널리 퍼져 있지만 환경을 위협하는 물건이 되고 말았어요. 그래서 최근에는 재사용할 수 있는 천 가방을 많이 사용하지요.

연구하라!
발명가 일지

큼지막하고 멋진 공책 한 권을 준비해 아이디어가 떠오를 때마다 그림을 그리고 설명을 적어 보세요. 발명품을 만드는 전체 과정을 기록해 두는 거죠.
그리고 그때그때 기록한 글과 그림 옆에 날짜도 꼭 써야 해요.
훌륭한 아이디어를 생각해 낸 장본인이 본인이라는 걸 증명하는 데에 유용하게 쓰일 거예요.

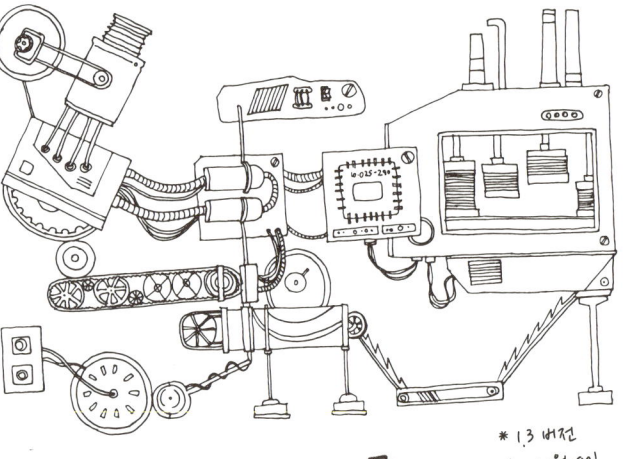

그림과 낙서
하찮아 보이는 아이디어라도 꼭 공책에 적어 두세요.

21세기형 일지
만일 컴퓨터나 태블릿을 사용할 수 있다면 첨단 기술의 도움을 더 많이 받을 수 있어요. 스마트폰에서 훌륭한 메모용 애플리케이션인 에버노트(Evernote)를 사용해 보세요. 핀터레스트(Pinterest)나 드리블(Dribbble) 같은 사이트도 접속해 보세요. 인터넷에서 영감을 받을 만한 자료를 쉽게 찾아 모으고 저장할 수 있어요.

발명품에 대한 아이디어를 자세히 그려 놓으면 잊어버리지 않을 수 있어요.

온라인 조사

재료 가격을 조사하는 일은 생각보다 수월해요. 알리바바(Alibaba) 같은 온라인 쇼핑몰에서 판매하는 중국산 제품 덕분이지요. 수백만 가지가 넘는 다양한 재료의 가격을 낱낱이 파악할 수 있거든요. 플라스틱판과 LED 띠 조명(LED strip light)부터 유행이 지난 물건이나 전자제품까지 없는 게 없어요.

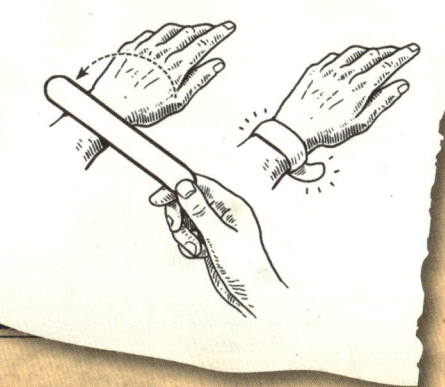

성공한 발명품

슬랩 팔찌(일명 요술팔찌)

슬랩 팔찌를 알고 있거나 착용해 본 사람이 있나요? 슬랩 팔찌는 띠 모양의 스테인리스스틸에 천이나 비닐을 씌운 간단한 형태입니다. 곧게 펴진 상태로 손목에 갖다 대면 손목을 따라 둥글게 휘며 감겨요. 제작 방법도 정말 간단하고 제작 비용도 아주 싸요. 이 슬랩 팔찌를 발명한 교사는 부자가 되었다고 합니다.

요점

아직 시작 단계에 불과하지만 발명품을 제작할 때 발생할 현실적인 문제를 지금부터 고민해야 합니다. 다음은 발명품을 만들기 전에 반드시 짚고 넘어가야 할 중요한 사항들이에요.

1. 발명품을 만들 사람이 누구인가요? 직접 만든다면 비용이 덜 들겠지요. 시제품 제작 초기 단계라면 학교에서 도움을 얻을 수도 있어요. (60쪽을 참고하세요.)

2. 시제품은 어떤 재료를 사용할 건가요? 좀 더 저렴하고 다루기 쉬운 재료를 사용할 수 있나요? (용접해야 하는 금속 대신 점토, 가격이 비싼 탄소섬유 대신 저렴한 발사목(balsa wood)을 사용할 수 있는지 확인하세요.)

3. 시제품을 만드는 데에 시간이 어느 정도 드나요? 제작 과정이 너무 복잡해서 대량생산이 힘들다면 한 번 더 고민해 보세요.

4. 제작 비용은 어느 정도인가요? 지금 단계에선 정확한 비용을 파악하기는 어렵지만 판매 가격을 정하려면 제작 비용을 알아야 합니다.

특별한 발명품들

시대를 너무 앞서간 발명품들, 그 번뜩이는 아이디어가 인정받는 데에
오랜 기간이 걸린 것들이 있죠.
심지어 수천 년이 지난 후에야 인정받은 물건들도 있어요.

기원전 1800년
수세식 변기

기원전 1800년경에 사용된 수세식 변기는 한마디로 고대 그리스의 토목 기술이 만들어낸 놀라운 발명품이죠. 물통에 빗물이 가득 차면 지하에 설치된 수로를 따라 흘러넘치면서 오물을 씻어 내리는 방식입니다. 중력을 이용한 거죠. 그런데 이것이 대단한 발명품으로 인정받는 데에는 무려 3,000년이 걸렸다고 해요. 당시 사람들이 땅을 파서 만든 구멍에 볼일을 보는 걸 몹시 점잖지 못하다고 생각했기 때문입니다.

두루마리 휴지는 최초의 수세식 변기가 발명되고도 수천 년이 지난 후에야 발명되었습니다. 그동안은? 생각하지 않는 게 좋겠어요!

1400년대
낙하산

레오나르도 다빈치(Leonardo da Vinci)가 낙하산을 발명한 1485년으로 거슬러 올라가 볼까요? 당시 사람들은 낙하산의 필요성을 전혀 이해하지 못했어요. 하늘을 날 수도 없는데, 당연히 낙하산이 필요할 리가 없겠지요. 1700년대 후반이 되어서야 열기구를 타던 사람들이 낙하산을 다시 '발견'하고 비상시에 사용하게 되었답니다.

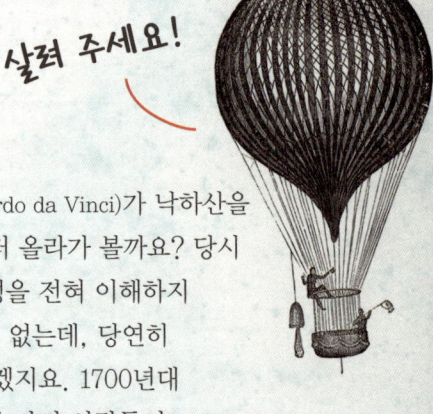

살려 주세요!

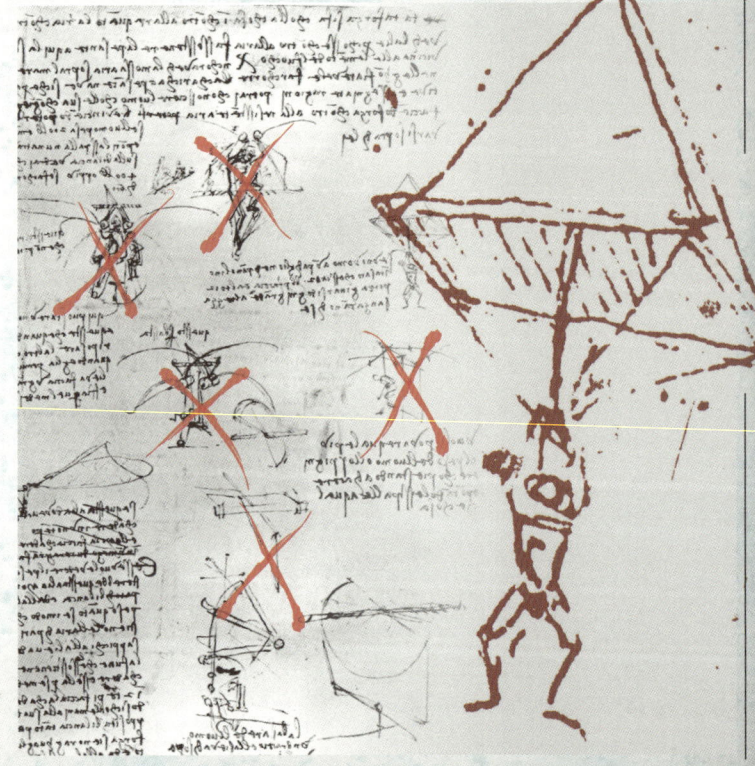

서기 100년
자판기

1세기에는 사람들이 성수를 금화와 맞바꾸었어요. 성수가 질병을 낫게 해 준다고 믿었거든요. 하지만 성수를 금화 무게보다 더 많이 받아 가는 일이 자주 일어났지요. 그래서 헤론*이라는 발명가가 금화의 무게와 정확하게 같은 양의 물을 받을 수 있는 기구를 발명했어요. 요즘의 음료수 자판기와 꽤 비슷한 방식이지요.

• Heron, 또는 헤로(Hero)라고도 함.

헤론이 발명한 기계입니다.

1636년
콘택트렌즈

1636년 프랑스 철학자인 르네 데카르트(René Descartes)는 시력이 나쁜 사람들이 사물을 선명하게 볼 수 있는 방법을 생각해 냈어요. 물을 가득 넣은 유리관을 눈에 바짝 대고 보면 사물이 더 크게 보인다는 사실을 발견했거든요. 크고 무거워 불편하긴 했지만(눈을 깜빡일 수도 없었어요!) 최초의 콘택트렌즈라고 할 수 있어요.

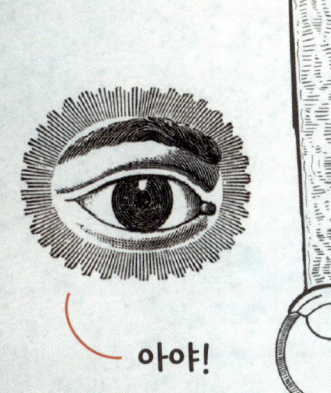

아야!

1981년
제록스(Xerox) 스타(Star) 컴퓨터

컴퓨터 아이콘, 메뉴, 윈도 운영체제 및 마우스를 모두 갖춘 현대적인 컴퓨터를 애플이나 마이크로소프트가 발명했다고 알고 있나요? 그렇지 않아요. 1981년 제록스는 오늘날의 컴퓨터와 같은 '스타 8010' 컴퓨터 단말기를 출시했어요. 저장 용량이 휴대용 계산기밖에 안 되는데 가격이 2,000만 원이었다는 점은 좀 안타깝지만요.

단돈 2,000만 원!

설계하라!

그래요! 멋진 발명품을 생각해 냈다고 쳐요. 하지만 발명품이 어떤 형태인지를 아는 사람은 단 한 사람뿐이랍니다. 이제 다른 사람들에게 발명품을 보여 주어야 해요. 그렇다면 설계를 해야겠죠?

1. 연필을 잡고 시작!

종이에 연필로 그림을 그리는 게 가장 쉬운 설계 방법이에요. 설계 단계에서는 최종적인 발명품을 정확하게 묘사하지 않아도 돼요. 하지만 누구든지 중요한 특징과 기능을 한눈에 파악할 수 있어야 해요. 제각기 다른 각도에서 본 발명품 그림을 여러 장 그리세요. 움직이는 부위가 있다면 작동 방식도 자세히 묘사해야 합니다. 예를 들어, 문이 있다면 여닫는 모습까지 자세히 그려야 한다는 거죠.

단번에 정확한 그림을 그릴 수는 없어요. 걱정하지 말고 여러 번 그려요!

그림을 그리기가 힘들어요, 도와줘요!

아이디어를 그림으로 표현하는 데에 애를 먹더라도 걱정 말아요. 큰돈을 들이지 않고 해결할 방법이 아주 많아요. 그중 몇 가지를 소개합니다.

☞ 여러 가지 도형 윤곽을 따라 그릴 수 있는 플라스틱 모양자나 스텐실* 을 사용하면 좀 더 깔끔한 그림을 그릴 수 있어요.

☞ 컴퓨터를 활용해요. 그리기 프로그램을 이용하면 선을 똑바로 그을 수 있을 뿐만 아니라 색을 입히고 음영을 표현할 수 있어 훨씬 더 전문적인 그림이 되죠.

☞ 미술 학원에서 수업을 듣거나 온라인으로 동영상 강의를 들어 보세요.

☞ 그림을 잘 그리는 친구를 찾아 도와 달라고 부탁해요. (발명품이 성공할 경우 이익을 나누어도 되겠네요.)

• 스텐실: 글자나 무늬, 그림 따위의 모양을 오려 낸 뒤 구멍에 물감을 넣어 찍는 것.

2. 이름을 뭐라고 지을까요?

설계도에 정확한 명칭과 설명을 붙여요. 초기 단계부터 발명품 이름을 뭐라고 지을지, 그리고 발명품의 특징을 짧은 단어로 간단하고 효과적으로 설명할 방법들을 생각해 보아야 합니다.

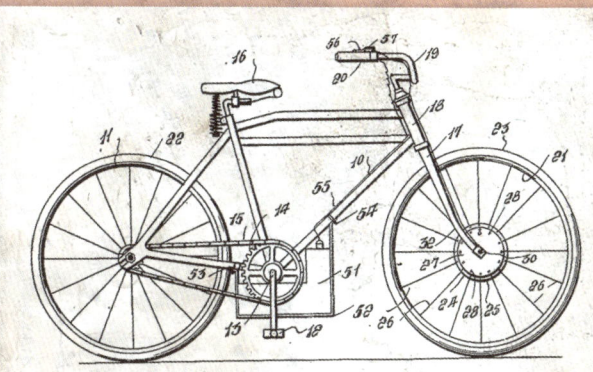

우스꽝스럽거나 산뜻하거나 감각적인 이름: 발명품에도 이름은 꼭 있어야 해요. 연습 삼아 자전거를 달리 부를 이름이 뭐가 있을지 생각해 볼까요?

3. 크기가 어느 정도인가요?

마지막으로 설계도에 연필이나 사과같이 일상적으로 흔히 볼 수 있는 물체를 하나 그려 넣어요. 사람들이 발명품의 실제 크기를 알 수 있도록 말이지요.

설계하라!
재빨리 그리기

설계도를 직접 손으로 그릴 경우라면 다음 몇 가지 도구들이 필요해요.

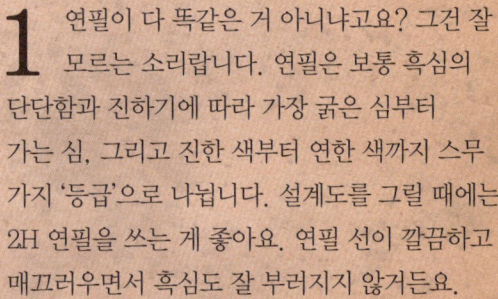

그리기 세트를 준비해요

발명품 그리기 세트는 연필, 지우개, 자, 모눈종이와 컴퍼스, 이렇게 다섯 가지로 구성됩니다. (물론 연필 대신 샤프펜슬도 괜찮아요.)

1 연필이 다 똑같은 거 아니냐고요? 그건 잘 모르는 소리랍니다. 연필은 보통 흑심의 단단함과 진하기에 따라 가장 굵은 심부터 가는 심, 그리고 진한 색부터 연한 색까지 스무 가지 '등급'으로 나뉩니다. 설계도를 그릴 때에는 2H 연필을 쓰는 게 좋아요. 연필 선이 깔끔하고 매끄러우면서 흑심도 잘 부러지지 않거든요.

2 지우개는 재료에 따라 고무지우개, 생고무 지우개, 떡 지우개, 플라스틱 지우개, 이렇게 네 종류로 나뉩니다. 고무지우개를 가장 흔히 사용해요. 하지만 아주 정교한 그림을 그려야 한다면 연필처럼 가늘고 긴 형태의 플라스틱 지우개가 좋지요.

3 투명한 플라스틱 자가 설계도를 그리는 데에는 안성맞춤이지요.

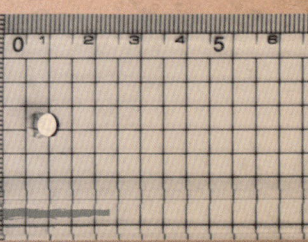

4 모눈종이는 여러 개의 세로줄과 가로줄이 일정한 간격을 이루며 수많은 정사각형이 만들어져 있는 종이예요. 그래서 가로나 세로로 똑바른 선은 물론 사선도 손쉽게 그을 수 있어요. 어떤 그림을 그리더라도 정사각형을 기준으로 정확하게 모양을 잡을 수 있거든요. 그리고 햇빛을 받아도 쉽게 색이 바래지 않는 중성지가 설계도에 사용하기 가장 좋아요.

5 컴퍼스는 원이나 곡선을 한 치의 오차도 없이 정확하게 그릴 수 있는 제도 기구입니다. 설계도를 그릴 때 가장 많이 수정하는 부분이 바로 원과 곡선이죠.

발명가 사무실

빛이 잘 드는 밝은 곳이 좋아요. 건축가가 사용하는 근사한 제도판까지는 아니더라도 작업을 하려면 표면이 매끄럽고 깔끔한 멋진 책상 정도는 갖추어야겠죠.

똑똑해지기

실생활이 아닌 인터넷 세상을 위한 발명품도 존재한다는 사실을 꼭 기억하세요. 기가 막히는 스마트폰용 애플리케이션이나 온라인 서비스에 대한 아이디어가 있다면 그리기 프로그램이나 파워포인트 같은 프로그램을 적극적으로 활용해요. 발명품의 형태와 작동 방법을 자세하게 보여 주어야 하니까요.

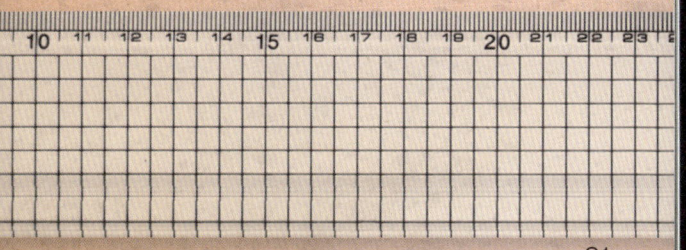

설계하라!
축척도란?

여러분이 새로운 자동차를 발명했다고 해 봐요. 직접 설계한 자동차를 그려서 다른 사람들에게 보여 주고 싶겠지요. 그런데 실제 크기로 보여 주려면 A4용지 스무 장 정도를 이어 붙여야 할걸요. 누가 봐도 미련한 짓이죠. 그래서 실제 크기 대신 축척도를 그려요. 축척도란 실제 크기를 일정 비율로 줄인 다음 종이 위에 그대로 옮긴 그림입니다.

크기 줄이기

어떤 식이냐면, 먼저 모눈종이의 1센티미터를 실제 크기의 20센티미터로 정해요. 이런 식으로 전체적으로 축소된 발명품을 종이 위에 그릴 수가 있어요. 20분의 1, 또는 1대 20으로 축소 비율을 꼭 표시해야 합니다. 축척을 사용해 설계도를 그릴 경우 축소 비율을 적절한 곳에 분명하게 표시해 실제 크기와 헷갈리지 않도록 해 줘야 해요.

※ 축척 1 : 20

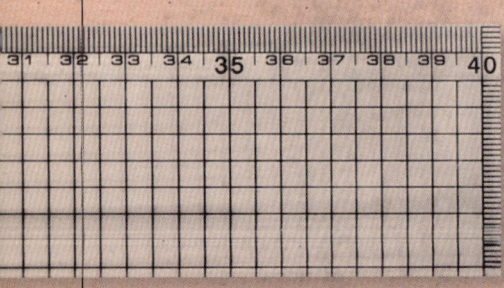

거짓말 같은 진실

머리를 폭 감싼 베개의 모양이 특이하죠? 탁자에 머리를 대고 엎드려 양옆의 구멍으로 손을 쏙 넣고 잘 수 있어요. 베개를 머리에 쓴 모습이 꼭 거대한 마늘처럼 보인다고 놀리는 사람들도 있답니다.
(그래도 정말 편안해 보이긴 하네요.)

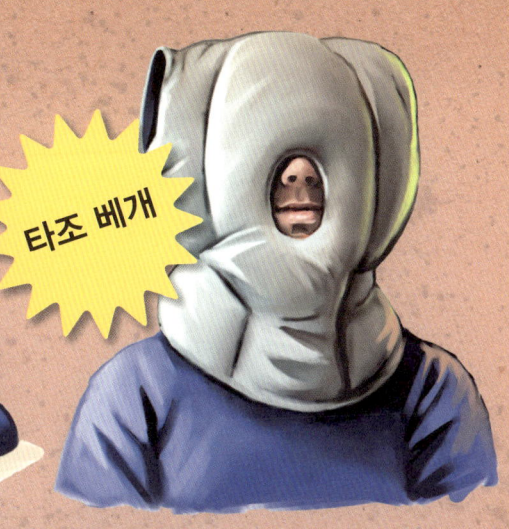

타조 베개

타조 베개 하나면 어디서든 편안하게 쉴 수 있어요.

이 그림을 20배 확대하면 실제 자동차 크기와 정확하게 일치합니다.

성공한 발명품

구르는 물통

가뭄이 심해 물이 부족한 나라에서는 사람들이 물이 꽉 찬 무거운 물통을 들고 수 킬로미터씩 걷는 일이 아주 흔해요. 많은 양의 물을 한 번에 길어 나를 수 없어서 하루에도 몇 번씩 같은 일을 반복하는 거지요. 구르는 물통이라는 발명품은 가운데에 구멍이 나 있어요. 긴 끈을 구멍에 집어넣어 끈을 잡고 끌면 물통을 굴려서 갈 수 있어요. 물통을 머리에 이고 나를 때보다 훨씬 힘이 덜 들어서 한 번에 다섯 배 정도 더 많은 양의 물을 운반할 수 있다고 해요.

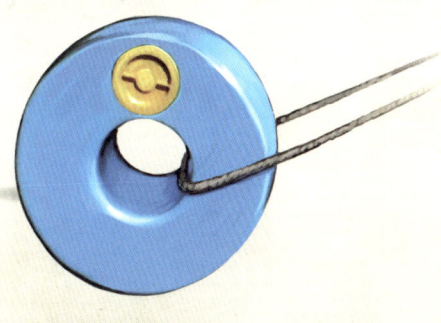

제작하라!

충분히 생각했으면 이제 실행에 옮길 시간이에요. 발명품을 직접 만들어 보지 않고서는 넓은 세상으로 나갈 준비가 완벽하게 끝났는지를 판단할 수 없으니까요. 뭘 망설이나요?

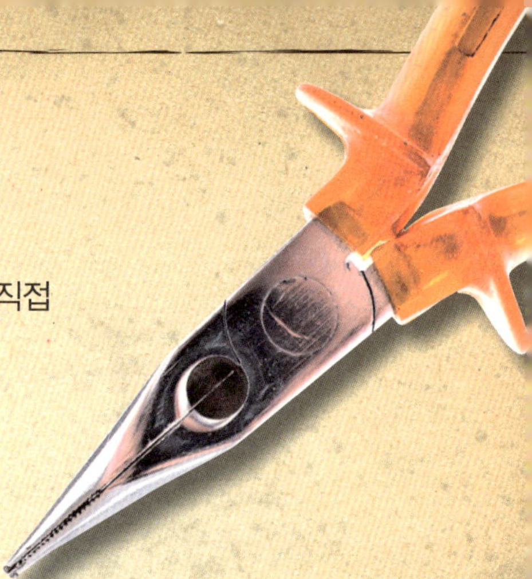

시제품

제품을 실제로 만들어 내기 전 많은 발명가들은 발명품을 시험해 보는 과정을 여러 차례 거친답니다. 발명품과 비슷한 견본을 만든 다음 사람들이 좋아하는지를 확인하기 위해서지요. 이를 시제품이라고 불러요. 그리고 발명품의 형태와 느낌을 직접 확인할 수 있는 무척 중요한 과정이기도 합니다. 시제품을 만드는 재료는 매우 다양해요. 집에서 쉽게 구할 수 있는 물건이나 기념품 가게에서 사 온 물건도 좋은 재료가 됩니다. 수업 시간에 신기한 물건을 가져와 친구들 앞에서 설명하는 것과 비슷해요. 최종적으로 완성된 발명품이 어떨지를 사람들에게 보여 주려고 하는 일이니까요.

시제품 제작에서 기억할 다섯 가지

☞ **첫째,** 반드시 테스트한 다음 설계 과정에서 찾아낸 단점을 개선해요.

☞ **둘째,** 각기 다른 재료로 시제품을 여러 개 제작할 경우 꼭 작동 방식을 한 번 더 테스트하세요.

☞ **셋째,** 사람들이 시제품을 보고 어떤 물건인지를 알아챌 수 있어야 해요.

☞ **넷째,** 사람들은 여러분의 발명품을 손에 들고 이리저리 살피면서 쿡 찔러도 보고, 심지어 냄새를 맡을 수도 있어요. 이때 "이건 만들면 안 되겠어. SF 영화에서나 등장하게 생겼잖아!"라는 말이 나오면 안 되겠죠.

☞ **다섯째,** 앞의 네 가지 원칙을 잘 따랐다면 다섯 번째는 저절로 이루어집니다. 사람들이 여러분과 여러분의 발명품을 진지하게 생각하겠지요.

완전 번거로움!

실패한 발명품

피자 칼 포크

피자 칼 포크는 말 그대로 예리한 원반 모양의 피자 칼이 달린 포크랍니다. 그래서 한 손만으로 피자를 한입 크기로 잘라 먹을 수 있어요. 그런데 사용해 보면 너무 번거로워요.

제작하라!
간단한 시제품 만들기

어떤 제품을 제작하며 예산이 얼마냐에 따라 사용할 수 있는 재료가 달라집니다. 다음은 시제품 제작에 즐겨 사용되는 재료들이에요.

종이와 골판지

일반 종이와 골판지로 시제품을 만들 수 있어요. 종이는 쉽게 접고 자르고 돌돌 말 수 있어요. 골판지도 마음대로 잘라 원하는 모양을 만들기 편하지요. 종이나 골판지를 자를 때 커팅 매트를 이용하면 더 좋습니다. 커팅 매트는 도톰한 플라스틱판으로 격자무늬가 나 있어 줄에 맞추고 칼로 자르기만 하면 되거든요. 할핀(종이 고정용 핀)을 이용하면 움직이는 부분도 간단하고 손쉽게 만들 수 있어요.

할핀

칼은 날카로우니 조심해서 사용하세요. 부모님이나 선생님이 옆에 계실 때 사용하거나 잘라 달라고 부탁하면 훨씬 더 좋아요.

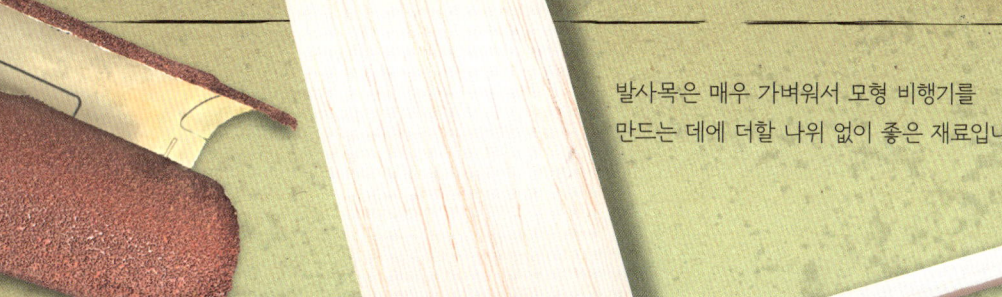

발사목은 매우 가벼워서 모형 비행기를 만드는 데에 더할 나위 없이 좋은 재료입니다.

발사목

발사목은 무척 가벼워서 예전부터 모형을 제작하는 데에 많이 사용해 왔어요. 칼과 자만 가지고도 모양을 만들기 쉬워요. 풀로도 쉽게 잘 붙기 때문에 여러 겹으로 겹쳐 정교한 모양을 만들 수 있습니다. 게다가 가격도 저렴해서 실수로 잘못 만들더라도 새 나무로 다시 만들면 그만이지요. 이게 전부가 아니에요. 발사목은 물에 뜰 정도로 매우 가벼워요. (그래서 공중에 매달아 두거나 작동시켜야 하는 모형을 만들 때 아주 유용하지요.) 또 열 보존력이 뛰어나요. 그리고 다른 물체를 감쌀 수 있을 정도로 잘 휘어집니다. 목재가 부드러워 사포로 문질러 원하는 모양을 만들 수도 있답니다.

완벽한 시제품?

처음으로 만들어 본 시제품이 완성된 발명품과 완벽하게 일치해야 하는 건 아니라는 사실을 꼭 기억하세요. 시제품은 발명품의 전체적인 형태와 작동 방식을 살펴보기 위해서 만드는 거니까요.

발사목이 가벼운 이유

다 자란 발사목의 수분 함유율은 60퍼센트 정도나 돼요. 그래서 나무를 벤 후에 가마라고 부르는 특수 오븐에 넣고 건조시켜요. 수분을 완전히 제거하는 과정이죠. 건조가 끝나면 발사목은 무척 가벼워져요.

제작하라!
정교한 시제품 만들기

간단한 시제품을 만들어 발명품의 전체적인 윤곽을 알았다면,
이제 좀 더 정교하게 만들어 봐야겠죠.

열가소성 수지

조금은 전문적인 용어 같지만 그렇지도 않아요. 열가소성 수지는 크게 두 종류로 나뉘어요. 먼저 작은 알갱이 형태로, 열을 가해서 사용하는 것이 있어요. (대개 뜨거운 물에 떨어뜨려 사용해요.) 열을 가하면 투명한 풀처럼 액체 상태로 변해서 모양을 만들기 쉬워요. 나머지 하나는 부드러운 점토 상태로 통에 들어 있어요. 꺼내서 바로 모양을 만들 수 있는 제품으로 상온에서만 형태가 유지됩니다.

두 종류의 열가소성 수지 모두 툭 튀어나온 부분이나 충격 흡수 장치 등을 원하는 대로 만드는 데에 아주 적합한 재료랍니다. 형태가 그대로 유지되면서도 부드럽고 마감이 매끄러워서 회전하는 이음매 부분을 만들 수 있다는 뜻이지요.

열가소성 수지는 어떤 모양이든 원하는 대로 쉽게 만들 수 있어요. 만든 모양이 마음에 들지 않으면 다시 열을 가해서 제대로 된 모양이 나올 때까지 다시 만들 수 있어요.

성공한 발명품

다용도 전선 정리 클립

작은 사탕 모양의 이 실리콘 덩어리에는 한가운데 전선을 단단히 고정할 수 있도록 홈이 나 있어요. 가격이 무척 싸서 어디든지 사용할 수 있지요. 시제품을 열가소성 수지로 만들었을지도 몰라요.

집 안에 굴러다니는 잡동사니

집 안 곳곳에 있는 일상 용품들을 잘 살펴보세요. 가정용 공구 상자에 든 나사, 너트와 볼트, 고무줄, 낡은 솔에서 빠진 뻣뻣한 털, 종이 클립, 끈, 하다못해 빈 깡통까지도 빼놓지 말고요. 찾아 헤매던 마지막 부품 하나가 바로 코앞에서 여러분을 빤히 쳐다보고 있을지도 모르거든요.

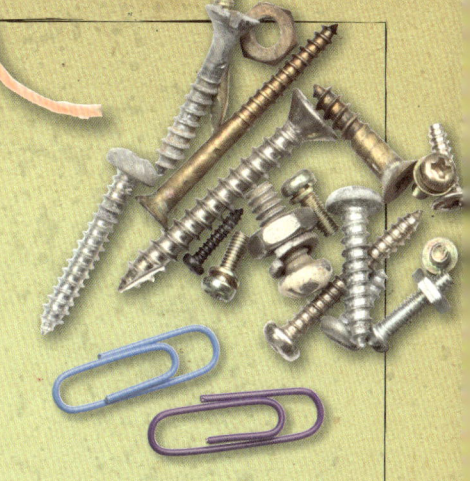

기성품 이용하기

시제품을 처음부터 끝까지 만들 자신이 없다면 이미 만들어진 물건을 사용할 수도 있어요. 다음의 세 가지가 시제품을 만드는 데에 도움을 줄 거예요.

1 낡은 장난감 상자 바퀴, 낡은 모형 자동차, 비행기, 기차, 플라스틱 조각 등등 시제품을 만드는 데에 사용할 수 있는 갖가지 부품들이 다 들어 있어요.

2 조립 키트 조립 키트 안에는 플라스틱 블록과 금속 부품이 들어 있어요. 전문가용 키트도 있답니다. (물론 전문가용 제품은 가격이 꽤 비싸요.)

3 철물점과 DIY 싱집 시세품을 만드는 데에 사용할 수 있는 부품을 모두 구할 수 있는 곳이랍니다. 특히 배관 시설과 전자 부품을 쉽게 찾을 수 있어요. 플라스틱 파이프, 깔때기, U자형 파이프 소켓과 철사까지 모조리 살 수 있어요. 이런 부품들은 모두 도구를 사용하지 않고도 끼워 맞출 수 있죠.

중요한 발명품들

이것 없이는 못 살 정도로 일상생활에서 무척 유용하게 쓰이는 발명품도 많아요. 다음은 일상생활에 없어서는 안 될 다섯 가지 발명품들이에요.

지퍼 고리를 올리면 양쪽으로 난 '이'가 단단히 맞물립니다.

1913년
지퍼

지퍼는 1913년 말 무렵에 발명된 이후 현대 생활에서 빼놓을 수 없는 중요한 물건이 되었습니다. 지퍼는 작은 고리를 위아래로 움직여 양쪽으로 조르르 난 '이'를 서로 맞물리게 하는 간단한 장치예요. 단추보다 사용하기 편하고 시간도 절약되지요. 금속이나 플라스틱, 폴리에스테르로 만들 수 있으며 워낙 사용하기 편리해서 우주복에도 이용된답니다!

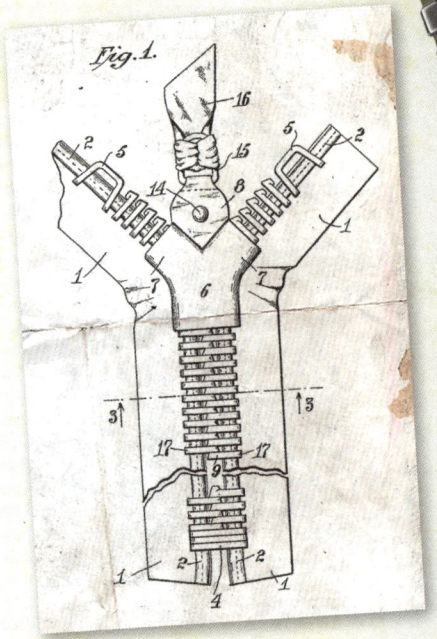

1844년
성냥

성냥은 1844년 구스타프 에리크 파슈(Gustav Erik Pasch)가 '안전 성냥'을 발명하기 수백 년 전부터 이미 존재했어요. 하지만 이전에 발명된 성냥은 사용하기 위험하고 독성 물질도 많이 생겼어요. (성냥 한 통을 사용하면 나오는 찌꺼기만으로 사람 한 명을 죽일 수 있을 정도였어요.) 파슈는 불을 밝히는 두 가지 성분을 분리한 획기적인 성냥을 만들었어요. 한 성분은 성냥갑 밖에, 그리고 다른 한 가지는 성냥 머리에 발라 두었거든요. 매년 수억 개가 넘는 성냥이 사용된다고 하네요.

1973년
GPS (Global Positioning System)

정해진 궤도를 따라 회전하는 24개의 위성을 이용하는 위성 항법 장치인 GPS는 미국 군사 정보 수집을 위한 사업으로 처음 시작되었습니다. 하지만 요즘은 운전자들이 이동 경로를 파악하는 데, 육상 또는 사이클 선수들이 기록을 측정하는 데, 그리고 소셜 미디어 사이트에 올리는 자료에 위치 정보를 첨부하는 데 두루 사용돼요.

1901년
안전 양날 면도기

1901년 칼날을 바꿔 끼울 수 있는 안전 양날 면도기가 발명되기 전, 사람들은 칼날이 길고 날카로운 일자형 면도기를 사용했습니다. 이름만 들어도 알 수 있듯이 안전과는 거리가 먼 생김새였지요. 반면에 양날 면도기는 칼날이 칼집 안에 들어 있어 실수로 피부를 베지 않도록 설계되었습니다. 새로운 판매 방식도 생겨났어요. 발명가인 킹 캠프 질레트(King Camp Gillette)는 안전 양날 면도기를 싸게 파는 대신 교체용 칼날은 꽤 비싼 값에 팔았답니다. 가히 천재적인 발상이지요!

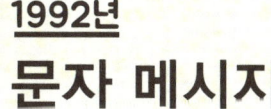

수염이 끝내주네요!

1992년
문자 메시지

휴대전화가 등장한 초기에는 통신망이 완벽하지 않아 전화 연결이 잘 되지 않았어요. 그래서 통신 회사에서는 짧은 메시지를 주고받을 수 있는 방법을 고안해 냈어요. 이른바 '문자 메시지'죠. 휴대전화 덕분에 생겨났다고 할 수 있어요. 2010년 당시 1년 동안 주고받은 문자 메시지가 6조 1억 개였다고 하네요.

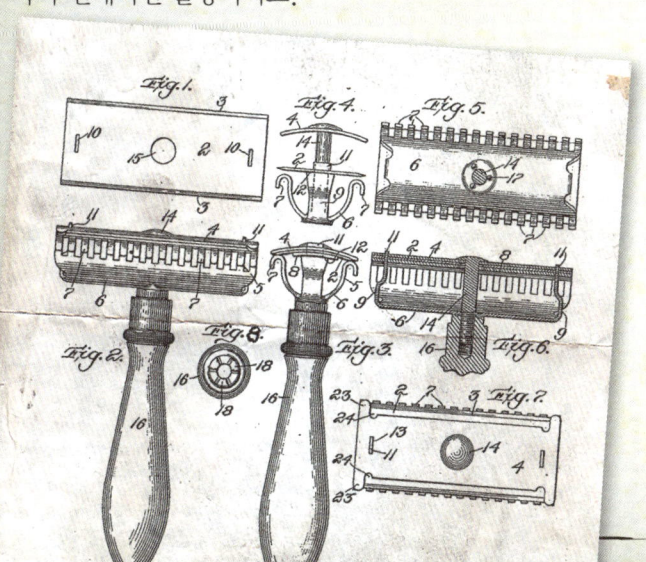

테스트하라!

실제로 작동하는 시제품이 손에 들어왔으니 실생활에서 어떤 반응을 얻을지를 알아보아야 할 때입니다. 꽤 힘든 과정이 될 수도 있어요. 여러분의 제작 의도를 이해하지 못하는 사람을 만날지도 모르거든요. 하지만 발명품을 완성하는 전체 과정에서 매우 중요한 부분이랍니다.

뭐라고? 뭔지 잘 모르겠다고?

몇 주(또는 몇 달)에 걸쳐 직접 발명품을 만든 여러분이야 발명품에 대해 속속들이 잘 알고 있겠지요. 여기저기를 누르고 돌리면 어디가 어떤 식으로 작동하는지 말입니다. 그래서 그 발명품에 대해 전혀 모르는 사람들에게 선보이는 일이 매우 중요합니다. 발명품을 시제품 그대로 만들어도 될지를 판단할 수 있으니까요.

시제품 테스트

발명품을 테스트할 때 반드시 확인해야 할 질문들이 있어요. 또한 테스트는 다음 밑줄 친 부분의 순서대로 진행하면 돼요.
시제품을 테스트할 대상에게 <u>건네고</u> 반응을 잘 관찰하세요.

☞ 발명품을 제대로 들고 있나요?
☞ 발명품이 어떤 용도인지를 알고 있나요?
☞ 작동시킬 수 있나요?
☞ 쉽게 작동시킬 수 있나요?
☞ 발명품을 어떻게 평가하나요?

사람들에게 발명품의 용도를 <u>설명하고</u>, 다시 똑같이 질문하세요. <u>작동 방법을 보여 준</u> 다음, 다시 똑같이 질문하세요. 작동 방법을 알고 난 뒤 발명품을 직접 사용하면서 발견한 문제를 여러분에게 알려 줄 수 있어요.

잠시 자리를 비워요

실제로 기업에서 신제품을 테스트할 때면 담당자들이 반투명 거울 뒤에 앉아서 신제품을 사용하게 될 예비 고객들의 행동을 관찰하는 경우가 많습니다. 제품을 만든 사람이 자신들을 지켜보고 있을 경우 예비 고객들이 자신의 의지와 다르게 행동하기 때문입니다. 테스트를 위해 반투명 거울까지 사긴 그렇고 다른 사람에게 테스트 과정을 휴대전화 카메라로 촬영해 달라고 부탁한 다음 나중에 살펴볼 수 있겠지요.

직접 보여 주세요!

다른 사람들이 발명품을 사용하도록 하려면 좀 더 적극적으로 권하거나 설명해 줄 필요도 있어요. 사용 방법을 자세히 보여 주면 더 좋겠지요. 1850년대 미국 발명가인 엘리샤 오티스(Elisha Otis)는 엘리베이터를 끌어올리는 밧줄이 끊어지면 작동을 멈추는 안전장치가 부착된 엘리베이터를 개발했어요. 하지만 사람들의 반응이 더뎠지요. 그래서 오티스는 안전 엘리베이터를 선보이려고 1854년 뉴욕 세계 박람회에 직접 나섰어요. 실연은 성공했고, 안전 엘리베이터는 날개 돋친 듯 팔려 나갔답니다!

엘리샤 오티스는 많은 사람 앞에서 자신이 발명한 엘리베이터가 어떻게 작동하는지를 실제로 보여 주었습니다.

1900년 발명가 니콜라 테슬라는 그의 최신 발명품인 '거대한 전압의 전기를 전송하는 기계'를 차분히 테스트하고 있어요.

테스트하라!
실질적인 규칙

발명품을 가장 효과적으로 테스트하려면 사람들이 제각기 다른 상황에서 사용해 보도록 하면 돼요. 그래야 발명품에 대한 중요한 정보를 더 많이 알아낼 수 있어요. 그렇다면 테스트 과정에서 실제로 적용할 수 있는 규칙 몇 가지를 살펴볼까요?

실질적인 규칙 여덟 가지

1. 쉽게 망가지나요? 아니면 단단한가요? 너무 부실하면 사람들이 불만을 쏟아내겠지요.

2. 실내뿐만 아니라 실외에서도 사용할 수 있나요? 컴퓨터 모니터라면 햇빛이 환히 비치는 곳에서도 글씨가 잘 보이나요?

3. 휴대용 제품이라면 휴대하기 쉽게 작고 가벼운가요?

4. 아주 넓은 공간에서만 편하게 사용할 수 있나요? 기차처럼 좁은 장소에서는 이용할 수 없는 제품인가요?

5. 항상 같은 방법으로 작동하나요? 아니면 올바르게 작동하는 데에 사용자의 요령이 필요한가요?

6. 건전지를 사용하는 제품이라면 얼마나 오래 쓸 수 있나요?

7. 추운 날씨에 실외에서 사용할 제품이라면, 장갑을 끼고도 작동시킬 수 있나요?

8. 눈을 감은 채로, 또는 어두운 곳에서도 사용할 수 있나요?

똑같이 질문하세요!

여러 사람들을 대상으로 발명품을 테스트할 때에는 모두에게 반드시 똑같은 질문을 해야 합니다. (32쪽을 참조하세요.) 똑같은 질문으로 얻은 자료를 모아야만 발명품을 제대로 개선할 수 있어요. 열 명 가운데 여덟 명이 제품이 너무 무겁다고 대답했다면, 제품이 정말 무겁다는 뜻이 되겠지요.

실패한 발명품들

수백 년 동안 나온 발명품 중에는 성공한 것보다 실패한 것이 훨씬 더 많아요. 여기 실패한 발명품 네 가지를 소개합니다.

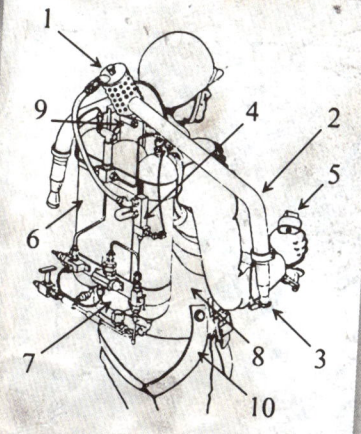

1 1964년에 발명된 전화 받는 로봇은 수화기를 들기만 했지 아무 말도 못했고, 전화를 건 사람이 남긴 메시지를 녹음하거나 재생할 수도 없었어요. 게다가 생김새도 무서웠죠.

2 1961년 배낭형 로켓인 벨 로켓 벨트(Bell Rocket Belt)는 하늘로 날아오른 지 21초 만에 연료가 바닥나 버렸어요.

3 1970년대에 개발된 고속 여객 열차는 굽은 철로를 초고속으로 달릴 때 수월하도록 몸체를 기울이는 방식을 이용했어요. 하지만 안타깝게도 몸체가 기울어지면 탑승객 모두가 심하게 멀미를 했어요. 최근에 개발된 고속 열차는 굽은 철로를 초고속으로 돌 때에도 승객들이 멀미하지 않는 방식으로 개선된 것이랍니다.

4 1628년 세상에서 가장 크고 강력한 화력을 자랑한 군함 바사(Vasa)호는 많은 사람의 환호 속에서 항해를 시작하기가 무섭게 침몰해 버렸습니다.

테스트하라!
사용성 평가

태블릿 컴퓨터나 스마트폰 또는 인터넷에서 사용할 수 있는 애플리케이션을 발명했다면 사용성 평가라고 부르는 테스트 과정을 거쳐야 합니다. 어려운 일처럼 들리지만 그렇지 않아요.

과제 만들기

휴대전화로 찍은 사진에 여러 가지 화려한 효과를 주는 애플리케이션을 만들었다고 해 봐요. (이런 애플리케이션은 이미 차고 넘치니 발명하지 마세요.) 사용성 평가에 참여한 사람들에게 제공할 과제를 다음과 같이 만들어야 합니다.

1. 사진을 한 장 찍어요.
2. 마음에 드는 효과 한 가지를 찾아요.
3. 사진에 효과를 적용해요.
4. 효과가 적용된 새 사진을 저장해요.
5. SNS에 사진을 올려요.

가르치려고 들어서는 안 된다는 점을 명심하세요. 꼭 이런 식으로 해야 한다고 설명하기보다는 하고 싶은 대로 하라고 이야기하는 편이 좋아요.

같은 사진으로 느낌이 다른 사진을 얼마나 많이 만들 수 있나요?

녹화해서 확인하기

앱스토어나 플레이스토어에서 '화면 녹화기'를 검색하면 휴대전화나 태블릿 또는 컴퓨터 화면을 녹화할 수 있는 애플리케이션이 많이 나옵니다. 이런 애플리케이션을 이용하면, 본인이 만든 애플리케이션을 사용자가 사용하는 과정을 모두 녹화해 살펴볼 수 있어요. 어느 부분이 이용하기 쉽고 어느 부분이 어려운지도 파악할 수 있지요. 기기에 달린 카메라로 사용자의 표정까지 녹화할 수 있는 애플리케이션도 있답니다.

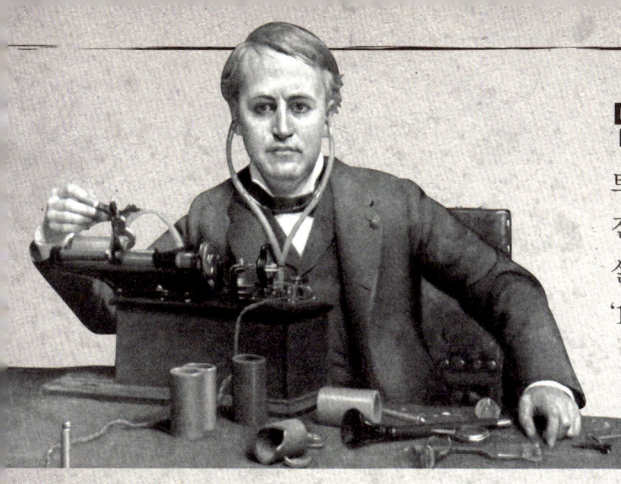

멈추지 않기

토머스 에디슨은 실험에 1,000번이나 실패한 뒤 전구를 발명했다고 해요. 에디슨이 1,000번의 실험을 '실패'라고 하지 않고 성공하기까지 거친 '1,000번의 단계'라고 한 이야기는 이미 유명하지요.

에디슨은 "단번에 성공하지 못했더라도 또다시 시도하고 시도하고 또 시도하라."라는 말을 굳게 믿은 사람이었습니다. (그러고도 몇 번 더 시도했어요!)

실패한 발명품

아기 넣는 우리

1930년대 런던의 부자 동네인 첼시에서는 정원이 없는 집에 사는 아기들이 깨끗하고 신선한 공기를 듬뿍 마실 수 있도록 아기를 우리에 넣어 창문 밖에 매달아 두었습니다. 하지만 이 아이디어는 크게 인기를 끌진 못했어요.

혼잡한 도시의 도로 한복판 공중에다 우리를 매달아 아기를 넣어 두어도 괜찮았을까요?

성공한 발명품

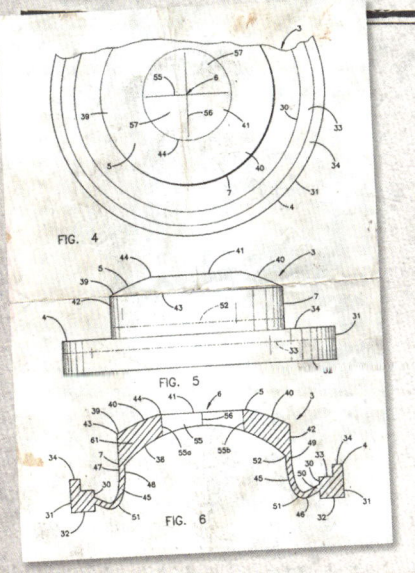

거꾸로 세워 놓는 케첩 병

병을 꽉 쥐면 열리고 손을 떼서 병 안 압력이 낮아지면 다시 닫히는 마개를 이용한 매우 간단한 도구입니다. 케첩 같은 소스는 물론 샴푸 같은 제품에도 모두 사용할 수 있어요. 이 케첩 병 발명가인 폴 브라운(Paul Brown)은 이 기술 덕분에 자신의 회사를 팔고 1,400만 달러(약 16억 원)를 받았다고 해요.

개선하라!

발명품을 여러 사람에게 선보였다면 사람들에게서 받은 의견을 모아 분석해야 합니다. 그런 다음 설계를 변경해야 할지를 결정하세요.

분석하기

여덟 명을 대상으로 시제품을 테스트했다면, 똑같은 질문 다섯 가지를 여덟 명 모두에게 했겠지요. (32~33쪽을 참조하세요.) 그렇다면 옆의 그림처럼 왼쪽에는 질문을 차례로 적고 오른쪽에는 테스트에 참여한 사람들의 이름을 적은 표를 만드세요. 테스트에 참여한 사람들의 대답을 적어 표를 채우고 나면 발명품에 어떤 문제가 있는지를 한눈에 파악할 수 있어요. 그 점이 바로 꼭 고쳐야 할 부분이랍니다.

주의!

발명품에 날카로운 모서리가 있다거나 여러 번 사용하면 뜨거워진다거나 아니면 고약한 냄새가 나는 경우를 생각해 봐요. 발명품을 테스트하는 동안 안전상의 문제를 발견했다면 '주의' 라벨을 붙여야 할 수도 있어요. 그렇다고 발명품이 위험한 물건이라는 뜻이 아니에요. 사용할 때 안내문을 꼭 따라야 한다는 뜻이지요.

더 작은, 더 가벼운, 더 튼튼한, 더 나은

1. 너무 무거운가요?
더 가벼운 소재로 다시 제작하는 건 어떨지 생각해 보세요. (예를 들면 강철보다 가벼운 알루미늄을 사용하는 식으로요.) 속이 꽉 찬 부품 대신 비어 있는 부품을 사용할 수 있는지, 아니면 구멍을 뚫어 무게를 줄일 수 있는지도 확인하세요.

2. 너무 큰가요?
같은 비율로 제품 전체 크기를 줄일 수 있나요? 아니면 손잡이나 작동 버튼, 걸쇠 또는 조종 장치 등의 크기를 줄이거나 좀 더 쓰기 편하게 바꾸는 건 어떨까요?

3. 부서지기 쉬운가요?
잘 부서지지 않는 더 단단한 재료로 바꾸어 제작할 수 있나요? 유리 대신 투명한 플라스틱을 사용한다거나 발사목 대신 대나무를 사용하는 식으로요.

성공한 발명품

캣츠아이(cat's eye)
1933년 퍼시 쇼(Percy Shaw)는 컴컴한 길을 달려 집으로 돌아가는 중이었습니다. 그러다 자동차 전조등 불빛이 고양이 눈에 반사되어 번쩍이는 사실을 발견했어요. 여기에서 아이디어를 얻은 퍼시 쇼는 도로 중앙에 일렬로 설치해 운전자들이 밤에도 차선을 잘 지킬 수 있도록 해 주는 작고 폭신폭신한 반구형 물체, 캣츠아이를 발명했습니다.

훌륭한 발명품이라 할지라도 개선할 점이 있습니다. 시간이 흐르면서 전화기는 점점 더 작아지고 기능이 더 많아지고 있어요.

개선하라!
사용 설명서 만들기

발명품을 이해하고 사용하기가 생각보다 쉽지 않다는 점을 확인했다면 사용하는 법, 즉 설명서를 마련해야 합니다. 사용 순서대로 번호를 매겨 설명하는 방식이 가장 좋아요.

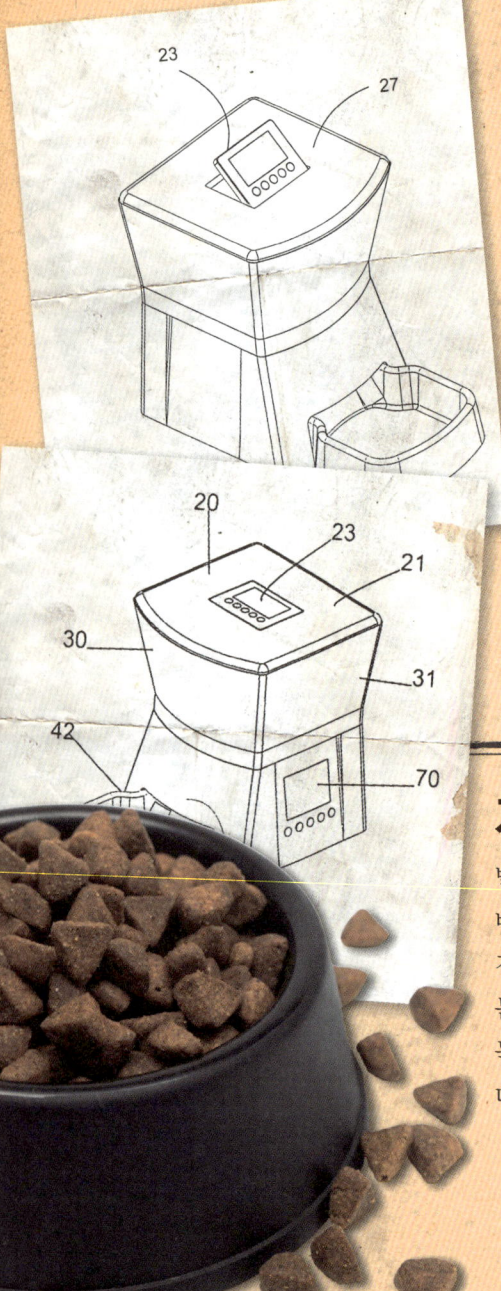

사용 설명서를 읽어 보세요!

정해진 시간에 강아지에게 먹이를 주는 급식통을 발명한 경우라면 다음과 같이 사용 설명서를 만들 수 있겠지요.

1. 뚜껑을 여세요.
2. 이미 사용 중이라면 속에 든 그릇을 꺼내고 통 안에 남은 찌꺼기도 깨끗하게 비우세요.
3. 그릇을 젖은 헝겊으로 닦아 낸 다음 다시 넣으세요.
4. 그릇 테두리에 표시된 선까지 마른 사료를 채우세요.
5. 뚜껑을 닫으세요.
6. 뒤쪽에 있는 타이머로 시간을 설정하세요.
7. 강아지가 배가 고프면 어쩌나 걱정하지 말고 하루를 잘 보내세요.

자주 묻는 질문

발명품을 테스트한 결과를 바탕으로 문제가 발생할 경우, 해결하는 법 또는 자주 묻는 질문을 한데 모아 적어 놓을 수도 있어요. 다음과 같은 질문들이겠지요.

1. 어떡해요, 냄새가 나요!
2. 뚜껑이 닫히지 않아요.
3. 속 그릇을 젖은 헝겊으로 닦아 낸 다음 말려야 하나요?
4. 몸집이 작은 강아지에게 사용할 땐 사료를 얼마나 넣어야 하나요?

각 질문에 대한 답변을 간단하게 기입해 두면 사용자들이 문제를 해결하는 데에 큰 도움이 됩니다.

영상을 녹화해요

보다 시각적인 사람이라면 누군가 발명품을 사용하는 모습을 녹화하세요. 다른 사람들이 제품이 어떻게 작동하는지를 한눈에 알 수 있도록 말이지요.

실패한 발명품

입는 낙하산

프란츠 라이켈트(Franz Reichelt)는 양쪽에 커다란 날개를 달아 높은 곳에서 떨어지더라도 천천히 안전하게 착지할 수 있는 외투를 개발했습니다. 1992년 프란츠 라이켈트는 파리의 에펠탑에서 뛰어내려 자신이 만든 발명품을 직접 테스트해야겠다고 마음먹었어요. 하지만 땅으로 곧장 곤두박질쳤고, 떨어진 자리에는 15센티미터 깊이의 구덩이가 생겼답니다. 수백 명이 넘는 사람들이 입는 낙하산이 제대로 펴지지 않아 발생한 비극을 지켜보았고, 심지어 카메라에 녹화까지 되었다고 해요.

프란츠 라이켈트는 입는 낙하산을 발명하는 데에 실패했지만 그 영향을 받아 오늘날 비행복이 성공적으로 사용되고 있습니다.

끔찍한 발명품들

실패한 발명품 이야기가 아니에요. 물론 실패한 발명품도 수없이 많지요.
하지만 여기에서는 뜻하지 않은 결과로 끔찍한 재앙을 부른 발명품들을 얘기해 볼게요.

1937년
소형 수소 비행선

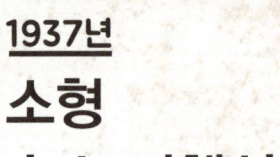

소형 비행선은 사람을 실어 나를 수 있는 거대한 풍선 모양의 비행선이에요. 원래 비행선은 세상에서 두 번째로 가벼운 원소인 헬륨을 이용해서 하늘을 날지요. 그런데 헬륨이 워낙 값이 비싸서 비행선 제작자들은 수소를 원료로 사용할 수 있도록 설계를 바꾸었습니다. 안타깝게도 수소는 화학원소 중 불이 가장 잘 붙는 물질이에요. 1937년에 마침내 재앙이 일어나고 말았지요. 힌덴부르크(Hindenburg)호가 비행 중에 불이 붙어 불과 36초 만에 추락했답니다.

세상에서 가장 긴 비행선 힌덴부르크호가 첫 대서양 횡단 비행 중 불길에 휩싸인 모습이에요.

라라라!

1997년
오토 튠
(자동 음정 보정 장치)

오토 튠을 이용하면 아무리 노래를 못 부르는 사람이라도 음반을 낼 수 있어요. 컴퓨터가 음정이 맞지 않은 부분을 바로잡아 주거든요. 워드 프로세서 프로그램이 문서에서 틀린 단어를 자동으로 수정하는 방식과 똑같지요. 그래서 노래를 부르는 사람의 음정이 언제나 완벽할 수밖에 없어요. 요즘은 라이브 콘서트에서도 오토 튠을 이용한다고 하니 왠지 속은 느낌이네요.

 천연석처럼 보이는 석면이에요.

1900년대
내화 석면

1970년대 말까지 건물의 내화재*로 사용됐던 이 천연 소재(수억 개의 초미세 섬유소로 만든 물질)는 단단하고 열에 아주 강해요. 그런데 안타깝게도 섬유 입자가 사람의 호흡기로도 쉽게 들어올 정도로 미세해서(몸에 있는 털보다도 얇아요.) 호흡기와 폐를 심각하게 망가뜨렸어요. 현재는 내화재로 사용하지도 않을뿐더러 남은 석면도 아주 조심스럽게 폐기하고 있답니다.

* 불에 타지 않고 잘 견딜 수 있는 재료를 통틀어 이르는 말

1973년
하늘을 나는 자동차

자동차와 작은 비행기를 합쳐 놓았어요. 하지만 두 가지가 매끄럽게 어울리도록 전혀 신경을 쓰지 않았지요. 비행기 조종석 부분을 뚝 떼어 내고 그 자리에 자동차를 그대로 붙인 모양이거든요. 더 기막힌 일은 자동차가 포드(Ford)사의 핀토(Pinto)라는 사실이에요. 핀토는 뒤에서 차가 들이받기라도 하면 그대로 폭발하는 (말 그대로 진짜 폭발이요!) 자동차로 악명이 높았답니다.

폭발할 수 있음!

1982년
헬리콥터 비상 탈출 좌석

과민성 안전주의자들은 이 발명품 사용을 반대했어요. 하지만 러시아 회사 카모프(Kamov)에서 제작한 케이에이(KA) 헬리콥터에는 이 장치가 달려 있답니다. 비상 탈출 장치를 눌러 좌석을 분리하기 전에 헬리콥터 날개에 부딪히지 않도록 타이밍을 잘 잡는 게 요령이지요. 그렇지 않으면……, 생각하기도 싫어요!

헬리콥터의 조종석에는 비상 탈출 장치가 없어요. 유일하게 비상 탈출 좌석이 있는 헬기는 카모프 케이에이뿐이에요.

특허를 받아라!

자신의 발명품을 세상에 선보이기 전에 누군가가 자기 것을 따라 하는 일은 막고 싶을 거예요. 발명품에 확신이 있다면, 특허를 받아 다른 사람들이 발명품을 똑같이 따라 만들지 못하도록 막을 수 있어요.

내가 만든 발명품을 어떻게 보호할 수 있나요?

가장 좋은 방법은 특허를 신청하는 거예요. 특허는 여러분이 발명품을 만들고, 사용하고, 수입해서 팔 수 있는 권리를 20년간 독점적으로 가질 수 있도록 법적으로 허용하는 제도입니다. 특허권은 기한 내 계속 갱신해야 효력이 있어요. 특허권이 효력이 있어야 누군가 여러분이 만든 발명품을 도용하려고 할 때 법적으로 막을 수 있답니다. 한국에서 특허를 받게 되면 한국에서만 그 효력이 발생한다는 사실도 잊지 마세요.

특허 신청 서류에 그림으로 설명이 되어 있는 '앞뒤로 흔들리는 욕조'예요. 이런 욕조가 왜 필요한지는 도무지 알 수 없지만요!

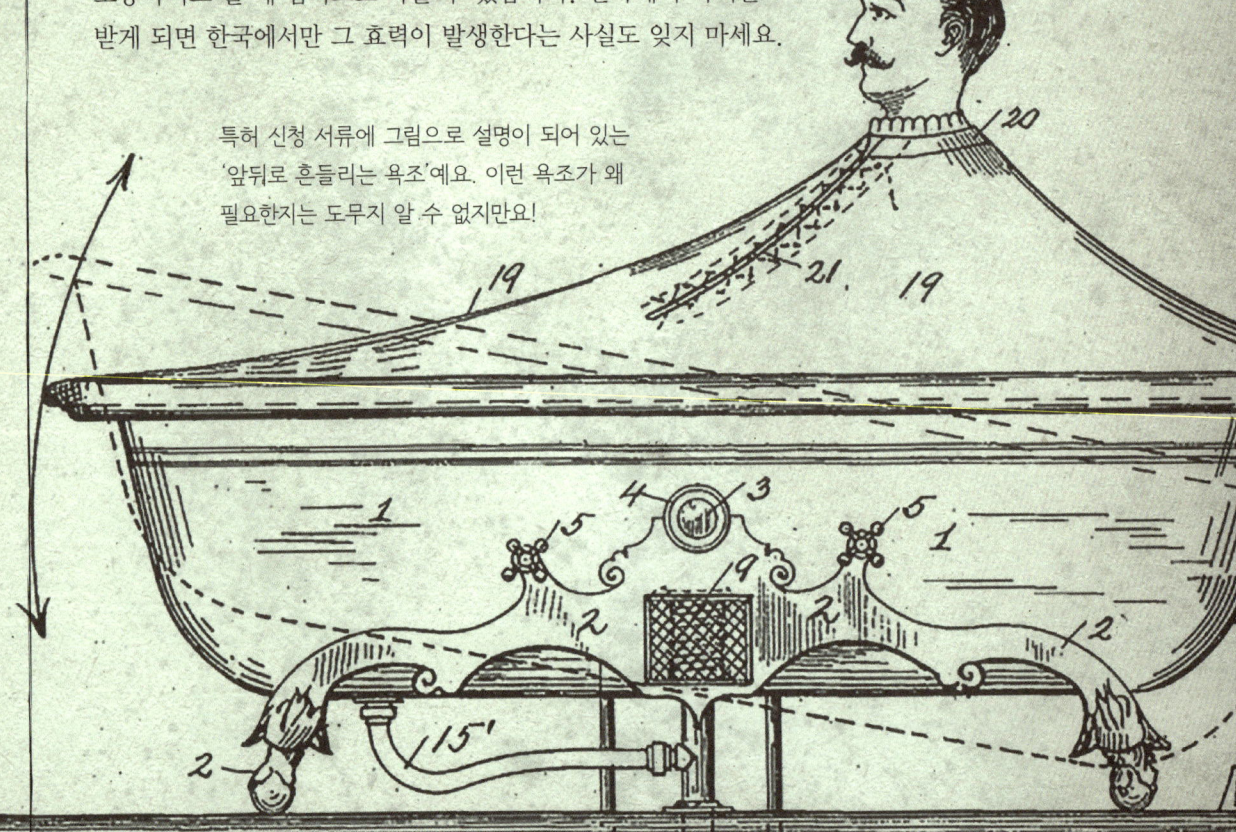

특허를 받을 수 있는 발명품은?

특허법에서 정한 기준을 살펴보면 다음과 같아요.

☞ 지금까지 보지 못한 새로운 것
☞ 만들고 사용할 수 있는 것
☞ 이미 존재하는 제품을 수정한 것이 아니라 완전히 새로운 발명품

특허를 신청하는 방법을 알아보려면 www.kipo.go.kr을 방문하세요.

특허는 어떻게 받을 수 있을까?

13쪽에서 살펴보았듯이 가장 먼저 할 일은 다른 사람이 내가 만든 것과 비슷한 발명품으로 특허를 받지는 않았는지 확인하는 거예요. 다행히 전 세계 90여 개국에서 특허를 받은 제품을 검색할 수 있는 웹사이트가 있어요. 단, 웹사이트에서 쓰고 있는 용어가 어린이들이 이해하기 어렵다는 게 문제예요. 여러분이 믿고 의지하는 어른들에게 도움을 요청해야겠지요.

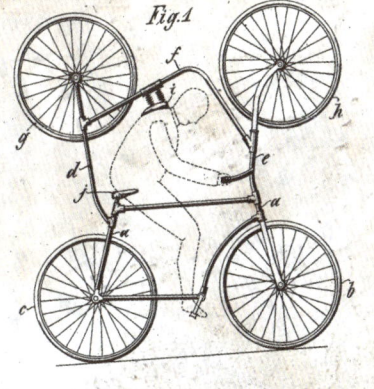

공중제비를 돌고 싶나요?
그렇다면 이 자전거가
안성맞춤이에요!

검색 중……

- 구글 특허 검색 http://bit.ly/2uunWSV
- 윕스온(유료) www.wipson.com

얼마나 걸릴까?

특허권을 받는 데에는 보통 3년에서 5년이 걸려요. 당연히 '며칠만 기다리면 특허를 받을 수 있겠지?' 하고 생각한 사람들에게는 충격적인 이야기지요.

특허를 받아라!
비용이 얼마나 들까?

돈 문제는 많은 예비 발명가들에게 걸림돌이 되지요. 영국 특허청에 따르면 이 문제를 해결하고 특허를 받는 경우는 20명 중에 한 명꼴로 아주 복잡한 과정이라고 해요. 전문가의 도움을 받으려면 4,000파운드 (약 600만 원)의 비용이 든답니다.

끝내 특허를 받지 못한 다섯 명의 발명가

1 더글러스 엥겔바트(Douglas Engelbart)
1968년에 최초로 마우스를 발명했지만, 특허권이 만료되어 버렸습니다.

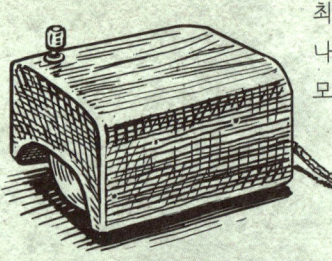

최초의 마우스는 나무로 만든 상자 모양이었어요.

2 제프리 더머(Geoffrey Dummer)
그가 처음으로 마이크로 칩 개념을 제안했을 당시에는 모두들 관심을 갖지 않았지요. 하지만 6년 뒤 미국의 기술 개발 회사인 텍사스 인스트루먼트에서 특허를 내고 현대 컴퓨터 산업의 장을 열었지요.

제프리 더머

3 이노우에 다이스케[井上大佑]
오늘날 많은 사람이 여가 생활에 이용하는 노래방 기계를 발명했어요. 일본어로는 '가라오케', 즉 '가짜 오케스트라'라는 뜻이라고 해요.

4 팀 버너스 리(Tim Berners-Lee)

바로 월드 와이드 웹, 즉 전 세계적인 인터넷망을 개발한 사람이에요. 팀 버너스 리는 특허를 신청하지 않았어요. 전 세계 모든 사람이 인터넷망을 자유롭게 쓰기를 바랐거든요. 그러니 이번 경우는 개발자의 의지였다고 할 수 있겠죠!

인터넷망을 개발한 팀 버너스 리

5 알렉세이 파지노프 (Alexey Pajitnov)

컴퓨터 게임인 테트리스(Tetris)를 만들었어요. 테트리스는 화면 위에서 떨어지는 여러 가지 모양의 조각들이 화면 아랫부분에 차곡차곡 쌓일 수 있도록 짜 맞추는 게임이에요. 알렉세이 파지노프는 불행하게도 이 게임을 개발할 당시 공산국가였던 소비에트 연방에서 일하고 있었기 때문에 공산주의 이념에 맞게 국가가 발명품을 소유하고 말았어요.

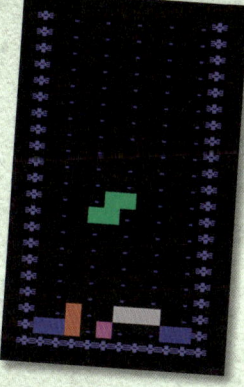

실패한 발명품

아기 대걸레

팔과 다리 부분에 대걸레 같은 천 조각을 기워 놓은 배냇저고리예요. 아기가 기어 다니면 자동으로 마룻바닥 청소가 되지요! 장난삼아 만든 걸까요, 아니면 진심이었을까요? 그건 여러분 좋을 대로 생각하세요!

기어 다니면 자동으로 청소가 돼요!

성공한 발명품

워크맨(Walkman)

이제는 시대에 뒤떨어진 제품이 되었지만, 소니(Sony)에서 만든 워크맨(걸어 다니면서 카세트테이프로 음악을 들을 수 있는 휴대용 기기)은 오늘날 배터리로 작동되는 모든 휴대용 전자 기기의 선구라고 할 수 있어요. 워크맨의 나이가 벌써 40년 가까이 되었네요.

생산하라!

자, 마무리 작업을 했고 만족했다면, 이제 실제 제품으로 만들 차례예요.
제품을 성공적으로 제작하는 데 필요한 정보를 알아보기로 해요.

작업 현장

오늘날 공장은 수백 혹은 수천 명의 사람과 로봇이 매우 바쁘게 일하는 곳이에요. 사람이든 로봇이든 제각기 맡은 임무를 열심히 수행하며, 제품이 생산 라인을 따라 이동하면서 완전한 모양을 갖출 때까지 신경을 쓰지요. 작업 현장에서 이루어지는 일들을 단계적으로 살펴보면서 나만의 작업실을 만들어 봐요.

1 조명과 전력 전기는 필수적입니다. 빛이 있어야 무슨 일을 하는지 확인하면서 물건을 만들 수 있으니까요. 해가 질 때쯤 학교에서 돌아와 발명품을 만들 수 있다는 사실을 기억하세요.

2 단계별 작업 구간 발명품을 만들 때에는 대부분 여러 단계로 나누어서 조립해요. 따라서 각각의 단계에 맞게 만드는 공간도 달라져야 해요. 예를 들어 제품을 자르거나 정리할 수 있는 빈 탁자와 확대경으로 제품을 자세히 들여다볼 수 있는 탁자가 따로 있어야 하죠. 각 작업 구간 벽면에 게시판을 만들어 일이 어디까지 진행되었는지 메모하는 것도 좋아요.

도움을 받을 수 있는 협회나 모임 찾기

요즘에는 사람들이 발명에 관심이 무척 많고, 여러분처럼 꿈을 이루고자 하는 사람들을 적극적으로 돕는 '발명가 협회'도 있어요. 발명을 할 때 도움을 받을 수 있는 가장 좋은 방법은 인터넷 검색을 통해 여러분이 사는 지역의 발명가 협회를 찾는 거예요. 발명가 협회는 대학과 연계된 경우가 많아서 발명하는 데에 큰 도움이 되는 좋은 설비를 갖추고 있어요. 'Quirky.com'과 같은 웹사이트를 둘러보는 것도 아주 좋아요. 이 웹사이트는 발명가와 서로 협약을 맺어 아이디어가 실제로 제품으로 생산될 수 있도록 도움을 준답니다.

헨리 포드(Henry Ford)와 대량생산

포드 자동차를 창립한 헨리 포드는 자동차 생산 라인을 세운 것으로 유명해요. 한 번에 차 한 대를 처음부터 끝까지 만드는 방식 대신, 각 구역별로 생산 라인을 따라 이동하면서 부품을 조립하는 방식을 고안해 낸 거죠. 생산 라인의 시작 부분에 차의 뼈대를 올려놓으면, 생산 라인의 마지막 단계에 가서 완성된 차가 나오게 돼요. 이러한 방식은 생산 혁명을 일으켰어요. 덕분에 세계 최초로 포드 모델 T가 적당한 가격으로 대량생산될 수 있었답니다.

3 바퀴 달린 여닫이 서랍장
기왕이면 안에 든 물건을 바로 확인할 수 있도록 서랍은 투명한 것이면 더 좋겠지요. 서랍장이 있으면 작업대가 하나 더 생기고, 잡다한 도구와 부품, 그리고 발명품을 제작하는 데에 쓸 재료를 손쉽게 찾을 수 있어요.

4 작업 중인 제품을 잠시 보관할 수 있는 장소
발명을 하다 보면 다음 단계로 넘어가기 전에 잠시 일손을 놓아야 할 때가 있어요. (예를 들어 만들어 낸 제품을 말리거나 굳혀야 할 때요.) 다른 일을 하는 동안 제품을 안전하게 보관할 수 있는 장소를 마련하는 게 좋아요.

생산하라!
안전을 먼저 생각하기

작업실에서 안전하게 발명품을 만들려면 꼭 지켜야 할 몇 가지 규칙이 있어요. 도움을 줄 어른이 반드시 함께 있어야 한다는 점도 기억하세요.

먼저 짚고 넘어갈 점

"사람의 의지는 그 어떤 칼날보다도 날카롭다."라는 오래된 속담이 있어요. 하지만 전동공구, 송곳, 칼처럼 날카로운 도구를 이용할 때 주의하지 않으면 언제든 손이 베일 수 있다는 사실을 잊지 마세요. 작업을 시작하기 전에 정확히 어떤 일을 할지를 머릿속에 그릴 수 있어야 해요. 그래야 불의의 사고를 막고 안전하게 발명품을 만들 수 있어요.

1 반바지나 슬리퍼는 안 돼요. 몸을 보호할 수 있는 작업복과 신발을 착용해야 해요. 특히 발명품이 무거울 때에는 복장에 더 신경을 써야 해요.

2 화학물질이나 뜨거운 재료를 다뤄야 한다면 보호 안경과 장갑이 필요해요. 먼지나 연기를 들이마시지 않도록 마스크를 쓰는 것도 잊지 마세요.

3 긴 머리라면 고무줄로 머리를 꼭 묶으세요.

4 접착제를 사용할 경우 작업실이 통풍이 잘되는지 주의하세요. (창문을 여는 게 좋겠죠.)

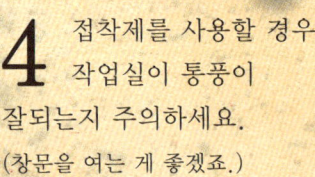

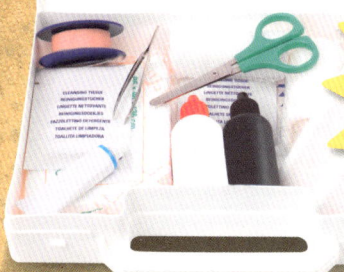

구급상자는 쉽게 꺼낼 수 있는 장소에 항상 갖춰 두어야 해요. 사고는 언제나 예고 없이 생기니까요.

방과 후

방과 후 수업에 과학, 디자인, 공작 수업이 있다면 담당 선생님과 의논해 보는 것도 여러분이 발명품을 만드는 데에 도움이 될 거예요. 방과 후 수업이 없다고 해도 각 과목의 선생님들에게 도와 달라고 부탁할 수 있어요.

잘 분류해서 정리하세요

발명품을 만드는 데에 필요한 부품이 여덟 가지라면, 각 부품을 잘 분류해서 따로 정리해야 해요. 그러면 부품을 찾느라고 고생할 필요가 없거든요. 어떤 부품이 부족한지도 금방 알 수 있어요.

5 피곤할 때에는 쉬어야 해요. 그렇지 않으면 실수를 하거나 사고를 당할 수 있어요.

6 작업을 마치면 다음 날 곧바로 시작할 수 있도록 작업실을 말끔하게 정리해요.

7 창고나 지하실에서 작업한다면, 호기심 많은 친구나 가족들이 중요하거나 위험한 부품에 손을 대지 못하도록 작업실 문을 꼭 잠가야 해요.

8 소화기를 쓰는 일이 생기지 않기를 바라지만, 혹시 모르니 소화기 하나쯤은 꼭 있어야 해요!

생산하라!
3D 프린팅

직접 손으로 만들기는 어려운 발명품이 있어요. 그럴 때에는 집에 없는 도구와 부품, 그리고 재료를 구입해야 할 수도 있어요. 그런 장비는 집에서 쓰는 작업실보다 더 큰 공간이 필요해요. 혹은 작업 과정이 너무 시끄럽거나 고약한 냄새가 날 수도 있답니다.

DIY 시대

3D 프린터는 나일론과 합성수지를 조합해서 입체적인 물건을 만들어 내요. 여러분의 발명품을 디지털 신호로 바꾼 뒤에 프린터에 전송하면 한 층씩 차곡차곡 쌓이면서 입체 모형이 완성되지요. 3D 프린터는 처음 발명된 이후 점점 더 널리, 그리고 유용하게 쓰이고 있어요. 여러분의 학교에도 아마 하나쯤은 있을 거예요.

요즘에는 3D 프린터의 크기도 작아지고 값도 저렴해져서 집에서도 사용할 수 있어요. 그래서 예비 발명가들이 다른 사람의 도움 없이도 시제품을 만들 수 있게 되었지요.

성공한 발명품

3D 프린터

입체적인 물건을 인쇄해 내는 기술은 산업의 판도를 바꿨어요. 뿐만 아니라 발명가들이 특별한 발명품을 개발하고 만들어 내는 데에 혁신적인 역할을 하고 있어요. 인쇄할 수 있는 재료가 다양해질수록 3D 프린터로 만들어 낼 수 있는 물건도 무궁무진해져요. 심지어 3D 프린터를 이용해서 또 다른 3D 프린터의 부품을 만들 수도 있어요!

대다수 3D 프린터가 실타래에 둘둘 말려 있는 가는 실 같은 플라스틱을 사용해 물건을 찍어 내요.

3D 펜

여러분이 생각해 낸 물건을 빨리 만들고 싶을 때에는 3D 펜을 이용하면 돼요. '실'처럼 길게 늘어나는 플라스틱 잉크로 입체 모형을 간편하게 만들 수 있어요.

3D 펜을 이용해서 만든 비행기예요.

인허가 계약

발명품을 직접 만들기 어렵다면 다른 사람이 대신 만들 수 있도록 계약을 맺을 수 있어요. 인허가 계약은 발명품을 생각해 낸 사람과 그것을 만들고 파는 사람 사이에 맺은 법적인 계약을 말합니다. 그리고 발명품을 만들어서 파는 사람은 제품 하나당 사용료, 또는 상표 사용료(로열티라고 해요)를 발명가에게 내야 해요. 인허가 계약을 맺을 때에는 계약 기간을 정하게 되는데, 예를 들어 3년이라는 계약 기간이 만료되면 발명품에 대한 권리는 발명가에게 다시 돌아온답니다.

> 3D 프린터는 금속·종이·도자기·고무 같은 재료를 이용해서 물건을 만들어요. 심지어 음식을 만들어 낼 수 있는 3D 프린터도 개발하고 있다고 해요!

기발한 발명품들

어떤 발명품은 너무 재밌고 기발하면서 생전 처음 보는 새로운 것이어서 낯설기도 해요. 기발하고 재미있는 발명품 다섯 가지를 소개합니다.

2007년
햄스터의 동력을 이용한 종이 분쇄기

살 수 있는 제품인지 확실하지 않지만, 정말 기발하기 짝이 없는 발명품이지요. 종이를 날이 달린 햄스터 우리 윗부분에 끼워 넣으면 햄스터가 쳇바퀴를 돌리는 힘으로 종이가 분쇄되는 원리예요. 이렇게 하면 햄스터 우리 안에 폭신한 종이 카펫이 깔리게 되지요. 진짜 천재!

1939년
우스꽝스러운 자전거

1939년에 발명가인 카를로스 슈타인라우프(Charles Steinlauf)가 온 가족을 태우려고 만든 자전거예요. 너무 크고 복잡하게 생겼다는 것 (이 우스꽝스러운 자전거는 너무 크고 다루기 힘들어서 자동차 운전대를 달아야 했을 정도예요.) 말고도 1930년대의 성차별 문화를 잘 보여 주기도 해요. 아버지와 아들이 운전대와 페달을 돌리고 있는 사이 엄마는 바느질을 하고 딸은 그저 멍하니 앉아 있어야 하니까요.

1999년
반려동물 장난감

미국에서는 이 장난감에 특허를 내줬어요. 사용 설명서에는 "반려동물이 사용하는 장난감으로, 예를 들어 개에게 던져서 물어 오게 하거나, 씹거나 가지고 놀 수 있다. 굵은 가지를 중심으로 잔가지가 여러 갈래로 돌출된 모양이 나뭇가지를 닮았으며, 다양한 질감에 위장 색이 칠해진 굵은 가지를 구부리거나 똑바로 펼 수도 있다."라고 쓰여 있어요. 한마디로 그냥 막대기죠!

1978년
직육면체 달걀 제조기

보아하니 그동안 동그란 달걀 모양이 꽤 못마땅했나 봐요. 샌드위치를 만들 때 네모난 식빵에 들어맞지도 않고, 접시에 올리면 데구루루 굴러떨어지니까요.
그때 직육면체 달걀 제조기가 등장했지요. 삶은 달걀을 제조기 안에 넣고 뚜껑을 돌려 꼭 닫은 다음, 냉장고 안에 넣으면 돼요. 달걀이 식으면 냉장고에서 제조기를 꺼내 뚜껑을 열면 직육면체 모양의 달걀이 등장하지요. 정말 재밌죠.

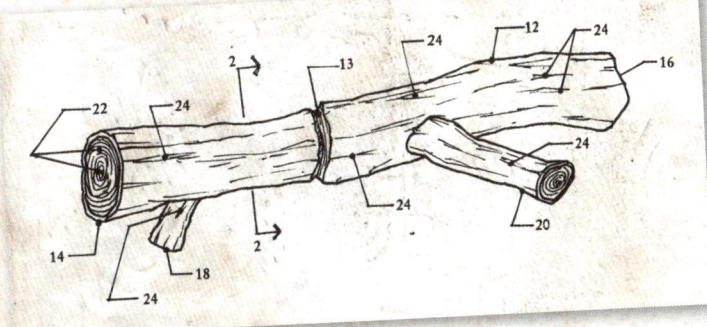

2000년대
날아다니는 시계

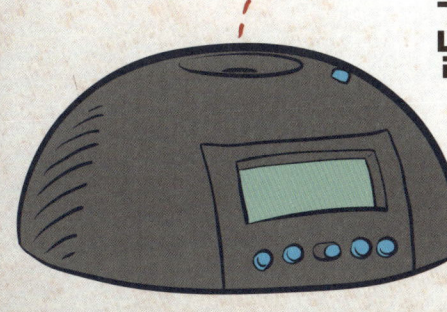

윗부분에 프로펠러가 달린 시계예요. 자명종이 울리면 이 프로펠러가 공중으로 발사되면서 방 안을 이리저리 날아다녀요. 직접 일어나서 방 안 어딘가에 떨어진 프로펠러를 주워 시계에 다시 끼워 넣어야 자명종이 꺼진답니다.

포장하라!

아무리 훌륭한 발명품이라도 판매하기 전 꼭 거쳐야 할 단계가 있어요.
바로 상품을 홍보하고 사고 싶은 마음이 들게끔 포장하는 일입니다.
제품을 포장하는 이유는 크게 두 가지예요. 우선 여러분이 만든 발명품이
어떤 제품인지를 소비자들에게 정확하게 알려 주기 위해서고,
두 번째로는 사고 싶은 마음이 들도록 꾸미는 거지요.

판매하기 전

발명품을 어떤 방식으로 팔 것인지 생각해 보세요.

1 선반 위에 진열해야 하는 제품이라면 쌓아 놓기 쉽게 포장해야 해요.

2 버튼을 눌러 소리가 나는 상품이라면, 상자 안에 넣더라도 소비자가 겉에서도 손쉽게 버튼을 눌러 작동시켜 볼 수 있는 방식으로 포장해야 해요.

3 온라인이나 우편 주문으로 판매하는 상품이라면 포장 무게를 최대한 줄여 택배 비용을 아껴야 해요.

> 제품 포장이 소비자의 마음을 사로잡을 만큼 근사한가요?

단순한 마분지가 아니에요

상품을 먼 지역으로 배송할 때 대개 마분지 상자를 이용해 포장하지만, 마분지에도 다양한 종류가 있다는 사실을 기억하세요. 예를 들어 아마존닷컴에서 보내 준 포장 상자와 애플 스토어에서 보내 준 포장 상자는 완전히 달라요. 아마존닷컴의 포장이 거칠고 실용적이라면, 애플 스토어의 포장은 매끄럽고 고급스럽지요. 여러분이 만든 발명품이 비싼 값에 팔리길 바란다면, 당연히 포장도 고급스럽게 해야겠지요.

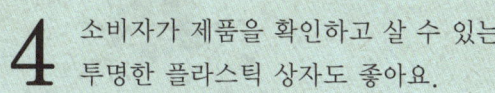

세련된 발명품이라면 포장도 세련돼야 해요.

4 소비자가 제품을 확인하고 살 수 있는 투명한 플라스틱 상자도 좋아요.

5 포장도 때에 따라서 소비자의 관심을 끌 만한 전략이 필요해요. 예를 들어 무늬 하나 없이 깔끔한 상자에 작은 글자로 상품의 이름만 적거나 아예 로고만 새겨 넣는 것도 방법이에요.

알맞은 경고 문구를 사용했나요?

세제가 담긴 용기인데 꼭 음료수 병처럼 보이는 제품이 있어요. 몸에 해로운 상품이라면 경고문을 붙이거나 음료수 병처럼 보이지 않도록 포장을 해야 해요! 제품에 알맞은 포장을 했는지 꼭 확인하세요.

포장하라!
실용적인 포장 방법

포장 상자를 손수 만들고 싶다면, 작업이 한결
수월해지게 도와줄 웹사이트가 있어요.
각 제품에 꼭 맞는 포장 상자를 만드는 다양한 방법이
단계별로 자세히 설명되어 있답니다.

도움을 받아요

포장 상자를 만드는 일이 너무 어려울 것 같으면,
인터넷에서 '선물 포장 상자'를 검색해 보세요.
많은 사이트에서 크기와 모양이 다양한 각종 포장
상자를 팔고 있으니까요. 더 나아가 상자를 꾸미고
채워 넣을 다양한 액세서리를 파는 사이트도 있답니다.
이런 액세서리들은 배송 상품이 파손되지 않도록
보호하거나 선반 위에 진열된 상품이 더 근사해 보이도록
해 주죠. 소비자가 기분 좋게 상자를 열어 보는 데에도
한몫을 한답니다.

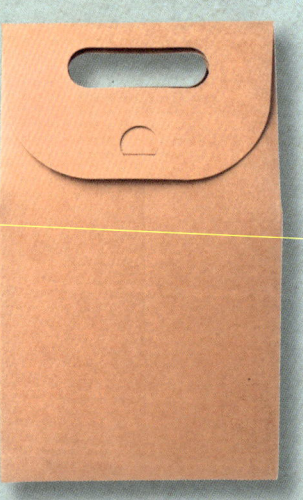

포장 상자의 종류가
정말 다양하네요.

잘 찍은 사진

요즘은 휴대전화 카메라로도 제품 포장에 쓰일 정도로 멋진 사진을 충분히 찍을 수 있어요. 블로그나 웹사이트, SNS 등에 직접 찍은 사진을 올려 발명품을 홍보할 수 있지요. 사진을 찍을 때에는 발명품만 확대해서 찍어도 좋고, 다양한 배경에서 사진을 찍어도 좋아요. 예를 들면 부엌을 배경으로 주방용 기구를 찍거나 바깥에서 정원 관리 용품 사진을 찍는 거죠.

제대로 홍보해요

발명품을 홍보할 때에는 요점을 딱 집어서 짧은 문장으로 표현해야 해요. 내가 만든 발명품이 어디에 쓰이는지에 초점을 맞추고 소비자들에게 유익한 점은 무엇인지, 그리고 왜 이 발명품을 좋아하게 될 수밖에 없는지 설명해야 해요. 예를 들어, 좋아하는 텔레비전 프로그램을 더욱 쉽고 간편하게 녹화하고 다시 시청할 수 있는 셋톱 박스를 홍보한다면 되도록 뻔한 이야기는 하지 말아야 해요. '역사상 최고로 놀라운 오락용 발명품' 같은 말을 하면 정말 곤란해요. 대신 아래 보이는 문구처럼 좀 더 구체적으로 표현해야 해요.

텔레비전 시청 방법이 완전히 새로워졌습니다!

텔레비전을 시청하는 보다 현명한 방법!

이 단순한 장치 하나로 여러분의 여가 생활이 완전히 달라집니다!

포장하라!
광고와 홍보

아무리 획기적인 발명품이라도 사람들이 그 발명품에 대해 모르면 아무도 사지 않아요.
그러니 입소문을 내야 해요.

이상한 신발

입소문을 내요

발명품을 홍보하기에 적합한 장소를 알아볼까요?

1 학교
게시판부터 과학 박람회, 방과 후 수업이 있는 교실에 이르기까지 여러분이 만든 발명품을 홍보할 기회가 아주 다양해요.

2 지역 신문과 라디오 방송
여러분이 사는 지역의 신문사나 라디오 방송국을 찾아가 인터뷰를 요청해요. 지역 신문은 누구든지 '패기 넘치는 도전가'를 환영한답니다.

> 특정 SNS 매체를 선택했다면, 부모님이나 선생님께 도움을 요청하세요. 대다수 매체가 가입 연령 제한이 있으니까요.

3 지역 사회
집에서 간단한 전단을 만들어서 프린트한 다음 동네 게시판에 붙여 보세요.

4 SNS
SNS는 돈 한 푼 안 들이고 홍보할 수 있는 공간이에요. 게다가 이미 친지나 친구 등의 인맥이 형성되어 있어서 제품을 쉽게 팔 수 있지요. 내 발명품을 살 대상이 누군지 생각한 다음, 그 사람들이 많이 이용하는 SNS를 고르기만 하면 돼요.

5 **웹사이트나 블로그**
무료로 이용할 수 있는 웹사이트와 블로그가 정말 많아요. 네티즌들이 발명품을 볼 수 있도록 사진을 올린 다음, 사용 방법에 대한 짤막한 소개와 함께 동영상 가이드와 좋은 평이 담긴 상품 후기를 올리면 돼요. 아니면 온라인 쇼핑몰을 직접 만들어서 주문을 받아도 되고요!

자신만의 서체

고리타분한 서체는 사용하면 안 돼요. 서체는 발명품을 홍보하는 데 중요한 역할을 해요. 그러니 보기 좋고 서로 잘 어울리는 서체를 골라야 합니다. 글자 색과 함께 서체는 발명품을 포함해 포장지, 광고 자료, 웹사이트 등 모든 측면에서 소비자의 제품 구매 결정에 큰 영향을 주니까요.

헬베티카 *Helvetica* — 산세리프체: 단순하고 현대적이지요. 사용 설명서나 경고문에 좋아요.

아트 브러시 *Art Brush* — 손글씨체: 편안하고 산뜻해요. 재미있는 제품이나 광고문에 좋아요.

가라몬드 *Garamond* — 세리프체: 전통적이고 격식이 있어요. 중후한 느낌을 주고 싶을 때에 좋아요.

색 선택

색깔을 다양하게 쓰면 제품이나 광고가 훨씬 더 돋보일 거라고 생각하겠지만, 오히려 산만한 느낌을 줄 수도 있어요. 디자이너들은 '컬러 팔레트'라는 견본을 이용하는데, 이 팔레트에서 색을 두셋, 또는 다섯 가지를 골라요. (아래 그림 참조.) 이렇게 선택한 색만 광고에 사용하는 거죠. 다른 색은 선혀 쓰지 않아요. 컴퓨터에서 컬러 팔레트를 생성하는 웹사이트를 많이 찾아볼 수 있어요.

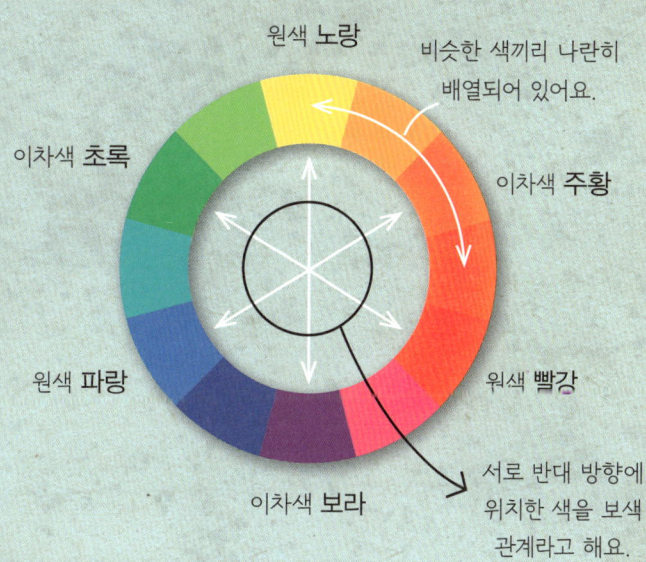

원색 노랑 — 비슷한 색끼리 나란히 배열되어 있어요.
이차색 초록
이차색 주황
원색 파랑
원색 빨강
이차색 보라
서로 반대 방향에 위치한 색을 보색 관계라고 해요.

색상환은 색이 서로 어떤 관계에 있는지 보여 줘요. 원색에는 빨강, 파랑, 그리고 노랑이 있어요. 색상환에서 원색과 마주 보는 방향에 있는 색은 이차색이에요. 원색과 서로 조화를 이루는 색으로 보색이라고도 하지요. 분할 보색은 보색이 되는 색의 좌우에 위치하고 있는 색으로 보색과 마찬가지로 원색과 잘 어울린답니다.

보색 | 보색 + 검은색 | 분할 보색 + 흰색, 검은색

마무리!

이제 다 끝났어요. 우리가 해낸 거예요. 여러분이 만든 발명품은 날개 돋친 듯 팔려 나갈 테고 지갑은 두둑해지겠죠. 여러분은 금세기 최고의 어린이 발명가로 이름을 떨치게 됐어요. 축하해요.
이제 여러분이 할 일은 아무것도 없어요. 딱 한 가지만 빼고요.
뭐 해요? 서둘러요. 머리를 굴려야죠. 뭔가 새로운 걸 또 발명해야죠!

무엇을 배웠을까요

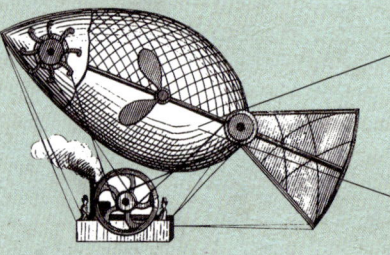

1 발명은 흥미롭고도 끝없는 인내의 과정이지요. 번뜩이는 생각과 고된 작업 (어떨 때는 정말 말도 못 하게 힘드니까요!)의 조화라고나 할까요?

2 성공하려면 실패할 준비도 해야 해요.

3 좋은 생각은 어느 날 갑자기 떠오르지만, 그 아이디어를 현실로 만들려면 몇 달 혹은 몇 년이 걸릴 수도 있어요.

4 발명은 믿을 수 없을 만큼 값진 경험이에요. 발명품을 만드는 데에 든 비용 따위는 비교할 수 없을 만큼 값지지요.

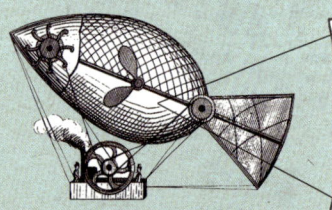

5 공상가, 상품 디자이너, 훌륭한 커뮤니케이터, 제품 테스터, 안전 관리자, 그래픽 디자이너, 공장 근로자, 작가, 그리고 마케팅 담당자 등 수많은 사람의 경험을 토대로 다양한 기술을 완벽하게 습득해야 해요.

> 발명하려면 뛰어난 상상력과 쓰레기 한 무더기가 있어야 한다.
>
> 토머스 에디슨

절대로 잊지 말아야 할 사실

1. 맨 처음 성공하지 못했다면, 더 뛰어난 생각으로 극복하라!
2. 발명가로 태어난 사람은 아무도 없다! 발명가는 스스로 발명하는 사람이다.
3. 세상의 빛을 본 발명품은 몇 안 된다.
4. 누구든 훌륭한 발명품을 만들어 낼 아이디어 하나쯤은 갖고 있다.
5. '안 된다'는 대답은 절대로 하지 마라. 문제가 생기거나 일이 늦어질 때에는 돌아가는 길을 찾아야 한다.
6. 위대한 발명은 1퍼센트의 영감과 99퍼센트의 노력으로 이루어진다.

> 나 자신을 믿지 않으면, 다른 사람 역시 나를 믿지 않는다.

이제 정말로 마지막이에요

이 책을 전부 다 읽었나요? 그렇다면 정말 잘했어요. 스스로 계획한 일을 끝까지 해내는 의지가 있다는 뜻이니까요. 책에서 배운 내용이 여러분이 영감을 얻는 데에 도움이 되었길 바라며 모두 발명, 레츠 고!
(어떤 발명품이든지 좋아요.)

지은이_롭 비티
주로 과학과 관련한 책을 쓰는 전문 작가이다. 박학다식하고 다재다능한 롭 비티는 주로 컴퓨터와 사람들의 생활, 과학과 영화에 관한 책을 주로 쓰지만 그 외에도 전통 DIY, 낚시, 가족 캠핑, 초보자를 위한 보트 타기에 관한 책도 쓰며, 카피라이터이자 컴퓨터 저널리스트로도 활동 중이다.

옮긴이_최제니
명지대학교를 졸업하고 같은 학교 대학원에서 분자 유전 연구원으로 일했고, 3년간 어린이 영어 강사로 활동하기도 했다. 번역 전문회사 U&J에서 어린이 동화책 번역팀장으로 근무하며 많은 번역을 했고, 지금은 전문 번역가로 활동하고 있다. 옮긴 책으로는 『진실 혹은 거짓』『엄마 아빠를 바꿔 주는 가게』『동물들의 진화 이야기』『공룡은 어떻게 박물관에 갔을까?』『이중인격』등이 있다.

옮긴이_서애경
미국 캘리포니아 주립 대학에서 테솔 과정을 수료했으며, 지금은 월간지 번역과 도서 전문 번역가로 일하고 있다. 옮긴 책으로는 『에릭 월 창의력 특강』『나는 그냥 말랄라입니다』『호랑이여 영원하라』『방귀 사전』『신데렐라』등이 있다.

이제 나도 발명가

초판 1쇄 발행 2017년 07월 26일

지은이 롭 비티
옮긴이 최제니, 서애경
펴낸이 한혁수

기획 · 편집 박지연, 이예은, 민가진
디자인 김세희
마케팅 김남원, 구혜지
제작관리 김남원

펴낸곳 도서출판 다림
등록 1997년 8월 1일(제1-2209호)
주소 07228 서울시 영등포구 영신로 220 KnK디지털타워 1102호
전화 (02) 538-2913 | 팩스 (02) 563-7739
블로그 blog.naver.com/darimbooks
다림 카페 cafe.naver.com/darimbooks
전자 우편 darimbooks@hanmail.net

ISBN 978-89-6177-147-4 73400

© 롭 비티, 2017

* 이 책 내용의 일부 또는 전부를 사용하려면 반드시 저작권자와 도서출판 다림의 서면 동의를 받아야 합니다.
* 책값은 뒤표지에 있습니다.
* 14쪽에 네이버에서 제공한 나눔글꼴이 적용되어 있습니다.

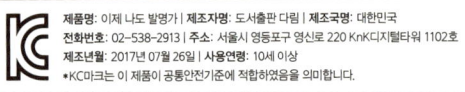
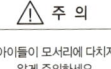